JN059364

ビジネスシーンに学ぶ日本語

位田 絵美
Emi Inden

学術図書出版社

はじめに

　新型コロナウイルスは、ようやく5類感染症に移行し、日々の生活がコロナ前に戻りつつあります。しかし、すべてが元通りというわけにはいきません。対面での授業をほぼ受けられずに大学に入学してきた学生たちは、それ以前の学生とは大きく異なります。教員にとっても、パソコンという機器を通してしか学生の反応を知ることが出来なかった数年間のブランクは、対面授業が始まってもなかなか埋めることができません。そこで痛感するのは、**日本語のコミュニケーション力の不足です。自分の考えを正しく相手に伝える日本語力の重要性**を、今一度、確認して欲しいと切に願います。日本語で思考し、日本語を操りながら生活する我々にとって、実社会で使える正しい日本語を身につけることは、きわめて重要です。

　このテキストは、『ビジネスシーンに学ぶ日本語』というタイトルの通り、さまざまな**ビジネスシーンで必要になる日本語力を養成**するために作られています。そのため、それぞれの章段にビジネスシーン想定した**実践的な練習問題**を配置し、みなさんができる限り多くの問題に挑戦できるように構成されています。

　練習問題は、詳細な解答解説のついた【例題】、みなさんの実力を試し各章の解説を理解できたかどうかをはかるための【チャレンジ】、少し難度をあげた【応用】の3種類からなっています。講義で学ぶ際には、まずは解答例や解説を見ないで自らの力で各問題に挑戦してみてください。自分の実力がどのくらいなのかを、確かめることができます。そのうえで教員の解説を聞き、間違ったところを中心に、再度復習することをお勧めします。内容を修得するのに必要なのは、言うまでもありませんが、繰り返しです。

　また、6つある章では深く取りあげることができなかったポイントを、　コラム　としてまとめています。ぜひ読んで理解を深めてください。

　このテキストでは、実際の**就職試験、入社後のビジネスシーン**を念頭において、みなさんが今後かならず使うことになる表現や形式を学びます。ぜひマスターして、将来のために役立ててください。このテキストの内容を修得できたとき、みなさんの**社会人としての日本語力**は格段に向上していると確信しています。学生諸君の健闘を祈ります。

令和六年睦月吉日

筆　者

＊　本テキストで使用している企業名・個人名などは、すべて架空のものです。

目　　次

第1章
印象的な自己紹介

1.1　社会人としてふさわしい自己紹介をするには

　みなさんはこれまでに、**社会人としてふさわしい言葉遣い**を意識して自己紹介をしたことがありますか。**ビジネスは人間同士の信頼関係**のうえに成り立っています。それを築くには、**よりよいコミュニケーション**を図ることが大切です。初対面の相手に自分を知ってもらう自己紹介は、その第一歩となる重要な機会です。

　このように考えると、自己紹介は、単純に「名前＋所属＋よろしくお願いします」を言えばすむと安直に捉えるわけにはいきませんね。たくさんの人間がいるなかで、そのように平凡なことを言うだけでは、聞く相手の記憶にほとんど残りません。自分を印象づけて人脈を広げるためには、ぜひそのチャンスを逃さずに、日頃から**相手の心をつかむ印象的な自己紹介**を練習しておいてほしいものです。

　では具体的に、大学生らしい自己紹介の例を取りあげて、考えてみましょう。大学の卓球サークルの新入生歓迎会で、新入生として自己紹介をします。つぎの自己紹介文の問題点を考えてみましょう。

〈例　自己紹介文〉

　え〜っと、名前は鈴木良太です。柏の森高校から来ました。卓球はやったことがないっすけど〜、運動はなんでも好きなんで、高校の頃から大学入ったらぜってーやりたいって思ってました。がんばるんで、よろしく。

　上の自己紹介には2つの大きな問題点があります。1つは**言葉遣いの問題**。もう1つは**印象的な自己紹介にするための工夫の問題**です。この問題を解決する方法を考えます。

【例題1】
〈例　自己紹介文〉を、**言葉遣いに注意して**書き直しなさい。巻末の（用紙1）を使用します。

【例題2】
〈例　自己紹介文〉の文章を、**印象的な自己紹介にするための工夫を**こらして書き直しなさい。巻末の（用紙1）を使用します。

1.2 公的話し言葉（です・ます体）で統一する

どのような文章に修正できましたか。では、まず1つ目の**言葉遣いの問題**から解決していきましょう。親しい友達と気楽な話をする場合とは異なり、大勢の初対面の人の前で自己紹介する場合は、**公的話し言葉（です・ます体）で統一**します。その際に注意したいのは、**カジュアル表現を使わない**ようにすることです。先の〈例　自己紹介文〉の中にあるカジュアル表現を**公的話し言葉**に変えて書き換えると、つぎのようになります。

【例題1　修正例】公的話し言葉（です・ます体）で統一する

はじめまして、鈴木良太です。柏の森高校出身です。卓球はこれまで経験がありませんが、運動することが好きです。卓球は高校生の頃から、大学に入学したらぜひ挑戦してみたいと思っていました。頑張りますので、どうかよろしくお願いします。

乱暴な言葉遣いをすることと、**親しみやすさを示すこと**は、**まったく別物**です。上のように**言葉遣いを統一してカジュアル表現をなくす**だけで、随分と洗練された自己紹介になりますね。ただし、【例題1　修正例】では、よく耳にするありきたりの自己紹介で、どこかよそよそしさが感じられる内容になってしまっています。

1.3 印象付けるためのコツ

そこで、もう1つの問題点である**印象的な自己紹介にするための工夫**をこらすことについて考えてみましょう。相手にインパクトを与えるには、3つのポイントが大切です。

① **具体的な内容（身近な出来事・最近のこと）**を盛り込む
② **聞き手を意識**して話す
③ あえて**失敗談や苦手なこと**にも触れる

では、3つのポイントを実際に使って修正してみましょう。まず①**具体的な内容**を盛り込むです。

【例題2　修正例1】①**具体的な内容（身近な出来事・最近のこと）を盛り込む**

はじめまして、鈴木良太です。福岡県の柏の森高校出身です。運動することが好きで、高校では3年間陸上部に所属していました。卓球はこれまで経験がありませんが、東京オリンピックの試合をテレビで見て、高校生の頃から、大学に入学したらぜひ挑戦してみたいと思っていました。頑張りますので、どうかよろしくお願いします。

いかがですか。「運動することが好き」な**具体例**として「高校では3年間陸上部に所属」していたことや、卓球サークルに入りたい理由が「東京オリンピックの試合をテレビで見て」いたからであることが加わると、**説得力のある自己紹介**になりますね。

　つぎに①**具体的な内容**を盛り込むに加え、自分をより聞き手に印象づけたいときに有効なのが、②**聞き手を意識して話す**ことです。**聞き手を意識する**表現は、**相手に働きかける表現**を用いたり、周囲の人が**話しかけやすい話題**を盛り込んだりすることで実現できます。その際に、なるべく**一文を短く**、たたみかけるようにします。

【例題2　修正例2】②聞き手を意識して話す

　はじめまして、鈴木良太です。福岡県の柏の森高校出身です。運動することが好きで、高校では3年間陸上部に所属していました。体力と根性には自信があります。力仕事が必要なときは、いつでも声をかけてください。卓球はこれまで経験がありませんが、東京オリンピックの試合をテレビで見て、高校生の頃から、大学に入学したらぜひやってみたいと思っていました。それから、日本代表の伊藤隼選手の大ファンです。伊藤選手のファンの方がいたら、ぜひ一緒に応援しましょう。頑張りますので、よろしくお願いします。

　自己紹介のなかに「体力と根性には自信があること」を入れたうえで、「力仕事が必要なときは、いつでも**声をかけてください**。」という一言を加えると、**親しみやすさが増します**。また、具体的な日本代表の卓球選手の名前をあげて、「ファンの方がいたら、ぜひ一緒に応援しましょう。」と**相手に働きかける表現**を盛り込めば、**周囲の人も話しかけやすい雰囲気を作る**ことができます。

　では最後に、③あえて**失敗談や苦手なこと**を話す練習をしてみましょう。

【例題2　修正例3】③失敗談や苦手なことにも触れる

　はじめまして、鈴木良太です。このように人前で話すことが苦手で、今もとても緊張しています。私は福岡県の柏の森高校出身です。運動することが好きで、高校では3年間陸上部に所属していました。体力と根性には自信があります。力仕事が必要なときは、いつでも声をかけてください。実は、卓球はこれまでラケットを握ったこともない初心者です。しかし東京オリンピックの試合をテレビで見て、高校生の頃から、大学に入学したらぜひやってみたいと思っていました。頑張りますので、どうかよろしくお願いします。

　初対面では、自己紹介する人も、それを聞く側も緊張していることが多いものです。そのようなときに、「このように人前で話すことが苦手で、今もとても緊張しています」のような言葉をはさむことで、**周囲の緊張感をやわらげて共感や親近感を持ってもらう**ことができます。

　また、「卓球はこれまで経験がありませんが」と説明するよりも、「ラケットを握ったこともない初心者です」と**具体的に説明**することで、より**わかりやすく印象づける**ことができます。このように、あえて**失敗談や苦手なことにも触れる**ことで、周りから、**話しかけやすい謙虚な人**という印象を与えます。

　同じ「鈴木良太」という人物を紹介する場合でも、**言葉遣いや表現を工夫**することで、印象は大きく変わります。ぜひ、周りから「話しかけてみようかな」と思ってもらえるような自己紹介ができるようになってください。

最後に、ここまで学んだ内容を踏まえて、「**社会人としてふさわしい自己紹介**」を作成してみましょう。

【**応用1**】

　あなたは新入社員として、**総務課に配属**されました。課で歓迎会が開催され、そこで自己紹介をすることになりました。**その場にふさわしい自己紹介文を作成**してください。巻末の（用紙2）を使用して、以下の条件1〜4を守って**400字程度**で作成します。

条件1　**公的話し言葉（です・ます体）で統一**し、**カジュアル表現を使わない。**
条件2　**具体的な内容（身近な出来事・最近のこと）を盛り込む。**
条件3　**聞き手を意識**した表現を使用する。
条件4　**失敗談や苦手なことにも触れる。**

（P.5 のコラム1では、「**総務課**」について解説をしています。読んで理解を深めてください。）

　いかがでしょうか。「**社会人としてふさわしい自己紹介**」を作成できましたか。自己紹介文が完成したら、二人一組になって**お互いの自己紹介にコメントをつけて**みましょう。自分とは異なる発想や、表現、文章の流れを確認することは、大変よい勉強になります。

　また、他人に読んでもらったコメントを確認することで、自分の文章を客観的に見る訓練ができます。文章作成には、主観ではなくつねに**客観的視点**を持つように意識してください。

　書き上げた自己紹介を暗記して、実際にクラスのメンバーの前で**発表**してみるのもよい経験になります。気心の知れた仲間の前であっても、意外に緊張することがわかります。このような経験を繰り返すことで、より印象的な自己紹介ができるようになります。

　最後に、**ビジネスの基本は笑顔と相手への思いやり**です。どのようによい内容の自己紹介をしても、うつむいてぼそぼそ話すのでは台無しです。ぜひ**明るい笑顔で自己紹介**するように心がけてください。

コラム1 「総務課」って何をする部署?

「**総務課**」とは何をする部署でしょうか。「営業」のように商品を売る仕事や、「会計」のように財務関係を担当する職務とくらべ、「総務」は「何をしているのかよくわからない部署」というイメージを持つ人も多いのではないでしょうか。あるいは「何でも係」のように、何となくマイナスイメージを持つ人もいるかもしれません。

「**総務課**」は、社内のすべての部署と関係を持ち、会社にとってなくてはならない業務を担当する部署です。その意味で、大変幅広い業務に従事します。会社によって業務内容に多少の差異はありますが、具体的な業務の例を以下にあげてみましょう。

1. 社内のサービス役　　　　庶務業務全般、文書作成・管理業務、福利厚生業務など。

2. 経営陣のためのシン　　　経営陣の補佐。意思決定や経営的な業務に必要な情報の収集・提供。戦略
   クタンク　　　　　　　の策定・提案など。

3. 社内外のパイプ役　　　　社内における ICT (情報通信技術) の整備、諸業務の事務連絡、社員旅行
   　　　　　　　　　　　　などの企画、社内広報誌の発行、社外との窓口など。

4. 全社的活動の企画役　　　入社式、株主総会などの企画や運営など。

いかがですか。「わぁ、大変そう」と思う人もいるかもしれません。しかし、それだけやりがいのある仕事ができる部署であることがわかりますね。

あまり難しく考えずに、**会社の中心となってすべての課の仕事をつなげ、社の利益のためにその方向性を示すのが「総務課」**だと考えてください。「総務」がしっかりした会社は、高い業績をあげることができます。「総務課」とは、あるときは**企画を提案**する社内の司令塔であり、あるときは**社外との交渉窓口**でもあります。発想を転換すれば、「総務課」は、みなさんがこれまで培ってきた経験と実力を、存分に発揮できる部署でもあるのです。

第2章
ビジネスに必要なマナー

2.1　基本的なビジネスマナーを知る

ビジネスマナーは、なぜ必要なのでしょうか。おもな理由は 2 つあります。1 つは、**仕事にかかわる人たちを不快にさせない**ためであり、もう 1 つはその結果、**効率よく仕事をする**ためです。どのような仕事も、1 人で行うことはできません。お互いに**気持ちよく仕事をする**ためには、ビジネスマナーを知り、それを守る必要があるのです。

社会人にとって必要なこの**ビジネスマナーを身につける**ことは、これから社会に出ていくみなさんにとって、とても大切なことです。社会人らしい所作や心遣いができる人と、それができない人では、周囲の評価は大きく異なってきます。マナーを無視した言動を繰り返せば、本人の評価を下げるだけでなく、勤務先の信頼まで落としかねません。よい人間関係を築き、取引先からも勤務先からも必要とされる人材になるためにも、基本的なビジネスマナーは知っておくべきです。

ここでは、社会人として必要な、**基本的なビジネスマナーを確認**します。ただしこのビジネスマナーは、テレワークなどの在宅勤務ではなく、あくまで一般的な会社勤務の場合を想定しています。そのつもりで、以下の**【チャレンジ 1】**を考えてみてください。

【チャレンジ 1】

つぎの (1)～(20) の内容で、**基本的なビジネスマナー**として正しくないものには×を、正しいものには〇をつけてください。解答は、巻末の（用紙 3）を使用します。

〈身だしなみ編〉

(1)　服装にはこだわりがあるため、制服以外は、自分の個性を出すように努める。

(2)　女性の華やかなマニキュアは、女子力の高さの証明であるから、手入れは怠らない。

(3)　髪の長さや色は清潔感を大切にし、男性のひげも周囲から不快に思われないように注意する。

(4)　準礼装でと言われたら、ジーンズやスニーカーは避けて、昼はディレクターズスーツ、夜はタキシードを着用する。

〈出社時編〉

(5)　欠勤する場合は、かならず会社に連絡を入れる。事前にわかっている場合は、予定がわかった段階ですみやかに上司の許可を取っておく。

(6)　始業開始時刻の 10 分前には出社して、仕事の準備をする。

(7)　遅刻しそうな場合は、怒られるといけないので、仲のよい同僚などにこっそり連絡を入れておく。

(8)　遅刻しないためにも、始発の電車などで移動して早めに出社し、会社で朝食をとるようにするとよい。

〈社内編〉

(9)　上司や取引先の相手となるべく早く親しくなれるようにフレンドリーに話しかける。

(10)　私用の外出をしないのは当然だが、たとえ短時間でも席をはずす場合は、同僚に行き先と戻る時刻を伝えてから席を立つ。

(11)　会社のコピー機や電話、インターネットを私用に使う場合は、バレないように上手にカムフラージュする。

(12)　会議に出席するときには、会議の開始1分前には席についておく。

(13)　急いでいる場合は、エレベーターに乗る際、ドアの正面に立って待つ。

〈退社時編〉

(14)　帰り支度は早めに始めて、終業時刻と同時に退社する。

(15)　重要な書類やデータは、上司の指示を仰ぎ、施錠できる場所に保管する。

(16)　仕事が勤務時間内に終えられない場合は、データを持ち帰って自宅で作業をして、翌朝までに完了させる。

〈名刺編〉

(17)　名前と似顔絵を入れて、親しみやすい名刺を自分で作成する。

(18)　名刺を渡す場合は、目下の人や訪問した人が先に渡す。

(19)　名刺は右手で差し出し、相手の名刺を左手で受け取る。

(20)　もらった名刺は、なくさないようすぐに名刺入れに入れる。

　(1)～(20) のうち、正解はいくつありましたか。間違ったものがあるときは、それがなぜダメだったのかをしっかりと理解し、記憶してください。そのうえで、正しいビジネスマナーが使いこなせるようになってください。それが有能な社会人への第一歩です。

　つぎに【例題3】で、基本的なビジネスマナーを理解できたかどうか確かめます。

【例題3】

　つぎの①～③の場合、**社会人としてどのような対応を取るのがふさわしいでしょうか。**それぞれを、巻末の（用紙4）を使用して簡潔に説明してください。

①　出勤途中、信号機の故障で電車が止まり、就業時刻に間に合いそうにありません。どうしたらよいでしょうか。

②　社内のエレベーターに1人で乗っていたら、社長が乗り込んできました。どうしたらよいでしょうか。

③　勤務中、受付までお客様をお迎えにいくことになりました。20分ほど席をはずすことになります。どうしたらよいでしょうか。

2.2　基本的なビジネスマナーを実践する

　ビジネスの基本は、**周囲の人に好感を与えるふるまいをする**ことです。そのためには、ビジネスマナーを実践することはもちろん、ふだんのあいさつや態度においても、**相手を思いやる気持ち**をつねに持つことが肝心です。自分の感情をそのままむき出しにすることや、自分勝手なふるまいをすることは、相手にストレスを与えることになります。それを繰り返せば、仕事の効率が悪くなるばかりでなく、誰もあなたに協力してくれなくなります。**仕事はチームワーク**です。そのことを決して忘れないように、**周囲への感謝の気持ちを大切に**してください。

　では、前頁にあげた【例題3】の問題を使って、ビジネスマナーの実践を確認していきましょう。念のために、【例題3】の問題を、もう一度あげておきます。

【例題3】

　つぎの①〜③の場合、**社会人としてどのような対応を取るのがふさわしい**でしょうか。それぞれを、巻末の（用紙4）を使用して簡潔に説明してください。

①　出勤途中、信号機の故障で電車が止まり、就業時刻に間に合いそうにありません。どうしたらよいでしょうか。

②　社内のエレベーターに1人で乗っていたら、社長が乗り込んできました。どうしたらよいでしょうか。

③　勤務中、受付までお客様をお迎えにいくことになりました。20分ほど席をはずすことになります。どうしたらよいでしょうか。

　まず、①の遅刻をしそうな場合です。マナーをわきまえた社会人ならば、**遅刻しそうな場合は、かならず直属の上司に電話を入れ**ます。では、その際に何を電話で連絡しますか。

　まずは遅れて申し訳ないという**謝罪**をします。その際、**遅刻の理由**と、どの位遅れそうなのかの**時間**を伝えます。あわせて、自分が不在の間に取引先などから連絡が入る予定がある場合は、それも伝えて、**業務に差支えが出ないような対応**をお願いします。

　たかが遅刻などという甘い考えは捨ててください。5分の遅刻で、取引先の信頼を失い、勤務先に重大な損失を与えることもあります。つねに不測の事態にも対応できるよう、日頃から**十分に余裕を持って行動**しましょう。

【例題3の①　解答例】としては、つぎのようになります。

　会社の直属の上司に電話をかけ、「○○です。申し訳ありませんが、電車のトラブルに巻き込まれてしまい、就業時間に間に合うように出社できません。今のところ、復旧まで2時間かかるとアナウンスがありましたので、出社は10:30ごろになると思います。10:00に飯塚商事の野田様からお電話が入る約束になっております。恐れ入りますが、出社後すぐに折り返しお電話差し上げますと、ご伝言いただけないでしょうか。」と伝える。

　つぎに、②の社長とエレベーターで一緒になった場合を考えます。社長が乗り込んできたら、エレベーターの**入り口付近を空け**、**普通礼**をして迎えます。すぐに**操作盤の前に立ち**、**社長の方を向いて「何階でしょうか。」**と行き先を尋ねてください。

　答えを聞いて「○○階ですね。かしこまりました。」と答えながら、**社長に背中を向けないよう**にしてその階のボタンを押します（自分が降りる階よりも、社長の行き先を優先してください）。該当の階に着いたら、「開」のボタンを押しながら、「○○階です。」と声かけをして、**出口付近を空けて**、**普通礼**をしながら見送ります。

　社長に背中を向けて声をかけたり、出入り口付近を占領するように立ったりするなどはもってのほかです。不必要にへつらう必要はありませんが、このような場面のスマートな対応ができる人物と、そうでない人物とでは、社内の評価も大きく異なってきます。

【例題 3 の②　解答例】は、つぎのようになります。

　エレベーターの入口付近を空けて、普通礼をして迎える。操作盤の前に立ち、社長の方を向いて「何階でしょうか。」と行き先を尋ね、その答えを受けて、「○○階ですね。」と答えながら、背中を向けないようにして操作盤を操作する。該当階に着いたら、「開」ボタンを押しながら「○○階です。」と伝え、出口を空けて、普通礼をしながら見送る。

　最後に、③勤務中に受付までお客様をお迎えにいくことになった場合を考えます。**10 分以上席を離れる場合**は、かならず周囲の**同僚**に、**行き先とその理由、戻ってくるまでのおおよその時間を伝えて**おきます。その間に、上司や取引先などから連絡が入る可能性もありますから、**業務に支障の出ないような対応**をお願いするためです。業務中に私用で外出することや、連絡せずに席を立つことは絶対にしてはいけません。

【例題 3 の③　解答例】としては、つぎのようになります。

　周囲の同僚に、「すみません、受付までお客様をお迎えにいってきます。応接室にご案内し、20分程度で戻ります。その間に電話連絡などがありましたら、メモをお願いします。」と声かけをしてから席を立つ。

　いかがですか。**【例題 3】**にあげたようなケースは、社会人としての日常の中ではよく見られるものばかりです。このような基本的な場合の対処法をしっかりと理解していれば、いざというときに応用することもできます。

　どのようなときにも、**周囲の人に好感を与えるふるまい**ができるように、日頃から**相手を思いやる気持ち**を持って、ビジネスマナーを実践してください。

コラム 2　　　「お辞儀」の種類を知っていますか？

「**お辞儀**」ひとつで、相手からの印象は大きく変わるものです。たかが「お辞儀」と言わずに、正しいお辞儀をしっかりと理解しておきましょう。

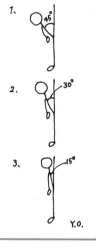

1. **最敬礼**　腰から体を 45 度（〜90 度）まで曲げて、2〜3 秒停止し、ゆっくりと体を起こす。深い感謝や謝罪を示したり、重要なお願いをしたりするときに用います。

2. **敬　礼**　30 度ほど頭を垂れて 2〜3 秒停止し、ゆっくりと頭をあげます。おもに顧客訪問の際や、上司や来客に挨拶するときに使用します。

3. **会　釈**　にこやかに軽く頭を下げます。下げる角度は 15 度程度です。人の近くを通るときに、軽い挨拶がわりに用います。

「お辞儀」をする際に、けっしてしてはいけないことが 2 つあります。1 つは歩きながらお辞儀をすることです。もう 1 つはペコペコ何度も頭を下げることです。**「お辞儀」はかならず立ち止まって、1 回、丁寧にする**方が気持は伝わります。ぜひ覚えておきましょう。

2.3　訪問と応接のマナーを知る

社会人になると、他の**会社を訪問**したり、自社を訪れた**お客様の応接**をしたりする機会がかならずあります。そのようなときに、どのような点に気を付ければよいのかを、確認しておきましょう。

【チャレンジ 2】

つぎの (1)〜(20) の内容で、**訪問・応接のマナー**として正しくないものには×を、正しいものには〇をつけてください。解答は、巻末の（用紙 5）を使用します。

〈訪問のマナー編〉

(1)　訪問する場合には、事前にかならず予約（アポイントメント）を入れる。その際には、できるだけこちらの事情を話して、仕事のしやすい時間に予約（アポイントメント）する。

(2)　約束の時間には絶対に遅れないように、30 分前には相手のもとへ着くようにしておく。事前に交通手段などを確認しておくことも大切である。

(3)　遅れそうなときは、かならず連絡を入れる。

(4)　会社を訪問したら、まず受付で名刺を出して名乗る。ついで予約（アポイントメント）の時間と担当者の名前を伝えて取りつぎをお願いする。

(5)　案内してもらうときは、相手の真後ろからついていくようにする。

(6)　応接室などに入るときは 3 回ノックをし、「失礼いたします」などと挨拶をしてから入る。

(7)　部屋に通されたら、すすめられるまでイスには座らず、立って待つ。

(8)　座って待つときは、相手が入ってきたら、そのまま軽く会釈する。

(9)　かばんは、資料が取り出しやすいように、自分の横のイスの上に置く。

(10)　商談が弾んだ場合は、訪問の予定時間を越えて話し込むこともある。

〈応接のマナー編〉

(11)　お客様との予約（アポイントメント）時間より前までに、応接の準備をする。

(12)　相手の名前や用件を確認してから、ご案内する。

(13)　エレベーターに乗るときは、声かけをせず先に乗り込み、降りるときはお客様を先に通す。

(14)　案内する際は、廊下の曲がり角などで、お客様に方向を示す。

(15)　「手前に開くドア」の場合は「どうぞ」とお客様を先に通し、「押して開くドア」の場合は「こちらです」などと声かけしながら自分が先に入る。

(16)　応接室では、ドアに一番近い席にご案内する。

(17)　担当者が来るまで、お客様には立ったままお待ちいただく。

(18)　お茶は、茶碗を茶たくにきちんと載せて持ってきて、お客様から先にお出しする。その後に上司にお茶を出す。

(19)　まず一口先に飲んでみてから、お客様にもお茶をすすめる。

(20)　相手が部屋を出るまで、お見送りする。

　(1)〜(20) のうち、いくつ正解することができましたか。間違ったものがあったときは、それがなぜ間違いだったのかを正しく理解し、実際にビジネスシーンで正しい対応ができるように覚えてください。

　つづいて、**【例題 4】**で、訪問と応接時のビジネスマナーを正しく理解できたかどうか確かめます。

【例題 4】

　つぎの①〜③の場合、**社会人としてどのような対応を取るのがふさわしい**でしょうか。それぞれを、巻末の（用紙 6）を使用して簡潔に説明してください。

　①　上司の自宅のホームパーティーに招待されました。約束の時間に遅れないように早めに出たら、予定より 1 時間も早く着いてしまいました。どうしたらよいでしょうか。

　②　来社なさったお客様の担当者が、現在接客中で、あと 20 分ほど経たないと対応に出られません。お客様にどのように伝えるのがよいでしょうか。

　③　応接室にお茶をお持ちしたところ、事前に聞いていた人数と違ってお客様が 1 人多いことに気づきました。どうしたらよいでしょうか。

2.4　訪問と応接のマナーを実践する

　では、**訪問と応接のマナー**を正しく理解できているかどうか、前頁であげた【例題4】の問題を使って確認していきましょう。念のために、【例題4】の問題を、もう一度あげておきます。

【例題4】

　つぎの①〜③の場合、社会人としてどのような対応を取るのがふさわしいでしょうか。それぞれを、巻末の（用紙6）を使用して<u>簡潔に説明してください。</u>

①　上司の自宅のホームパーティーに招待されました。約束の時間に遅れないように早めに出たら、予定より1時間も早く着いてしまいました。どうしたらよいでしょうか。

②　来社なさったお客様の担当者が、現在接客中で、あと20分ほど経たないと対応に出られません。お客様にどのように伝えるのがよいでしょうか。

③　応接室にお茶をお持ちしたところ、事前に聞いていた人数と違ってお客様が1人多いことに気づきました。どうしたらよいでしょうか。

　まず、①の予定より1時間も早く到着してしまった場合です。社会人としての訪問マナーを学んだ人間なら、**相手の準備の都合も考えずに**、約束より1時間も早く行くようなことはしません。どこか近くで**時間を調節**し、**5分から10分前に到着**できるようにします。また、上司宅を訪問するのに手土産1つ持参しないというのも、「図々しい人」という印象を与えてしまいます。早く着き過ぎた時間を使って、何か手土産を見つくろうのもよいでしょう。

【例題4の①　解答例】としては、つぎのようになります。

　訪問先の都合を考え、5分から10分前に到着できるよう、どこか近くで時間を調節する。その時間を使って手土産などを用意するとなおよい。

　つぎに、②の担当者が接客中の場合を考えます。何の**事情も説明せず**に、「とりあえず、お待ちください。」とご案内するのは、大変失礼です。20分という時間はけっして短くありません。お客様には、つぎのご予定があるかもしれません。

　まずは**正直**に、担当者が現在接客中であること、終了までに20分ほどかかることを伝え、**お客様のご意向をうかがってください。**そのうえで、お客様が「待ってもよい」とおっしゃる場合には、先に部屋などにお通ししてお待ちいただきます。

【例題4の②　解答例】としては、つぎのようになります。

　お客様に「誠に申し訳ございません。ただ今、担当者が接客中で、あと20分ほどで終わる予定なのですが、いかがいたしましょうか。」とご意向を尋ねる。そのうえで、お客様が「待ってもよい」とおっしゃる場合は、先に部屋にお通ししてお待ちいただく。

　最後に、③のお茶の数が足りなかった場合を考えます。人数を確認してからお茶の用意をするのは当たり前ですが、実際に応接室に入ったところ人数が合わないとわかったときは、確かに慌ててしまいますね。でもそのようなときも、落ち着いて対応すれば大丈夫です。まずは**大切な商**

談の邪魔をしないことです。そのためには、先に持ってきた分のお茶を、通常通りに**お客様から**お出しします。不足分については、「申し訳ございません。すぐにお持ちします。」と言って部屋を出て、すみやかにその分を用意します。

【例題４の③　解答例】 としては、つぎのようになります。

> 持ってきた分のお茶を通常通りにお客様からお出しする。足りない人の分は、「大変申し訳ございません。すぐにお持ちいたします。」と言って部屋を出る。その後すみやかにその分を用意して、改めてお出しする。

いかがですか。**気持ちのよい接客態度**は、**会社のイメージアップ**につながります。来訪者はすべて会社の大切なお客様であり、出迎えるときは「**あなたが会社を代表する顔**」になります。これは先方にうかがう際にも同じです。いつも**明るく丁寧な対応**を心がけましょう。

コラム３　上座・下座を知っていますか？

　みなさんは、「**上座**（かみざ）・**下座**（しもざ）」を正しく理解していますか。お客様を応接室にご案内する場合は、正しい席次を知っていなくてはなりません。**その場にいる人の上下関係をあらわすものが席次です。** 言い換えれば、第三者がその場を見れば上下関係がわかってしまうのです。うっかりお客様を下座に座らせるなどといったことがないよう、日頃から応接室や会議室の席次は把握しておきましょう。

　右の図では、①～④の順に席次が低くなります。基本は、**入口から遠いほど上座**となり、奥の①②の席が来客用で、手前の③④の席が自社用です。ただし、配置的には上座でも、備品や荷物などが見えてしまい、お客様が落ち着かないような状況のときには、**ゆったりと落ち着ける席を上座**とする場合もあります。

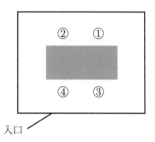

　また、イスの形によっても格があります。席次にふさわしいイスを配置してください。**イスの格付け**は上座から下座への順で、背もたれ・肘掛がある長イス、背もたれ・肘掛のある一人用イス、背もたれ・肘掛のない一人用のイスとなります。

第3章
ビジネスに必要な敬語

3.1　社会人としてふさわしい話し方を学ぶ

　日本文化の一つである独特の言語表現には、**直接的な表現を嫌う**一面があります。はじめに YES, NO をはっきりさせてから文章が始まる英米文化の言語表現とくらべると、日本語は文章の最後まで聞かないと「行きます。（肯定）」なのか、「行きません。（否定）」なのかがわかりません。「言わぬが花」や、「雄弁は銀、沈黙は金」などのことわざにも、それが表れていますね。

　たとえば、日本ではお悔やみを述べる場面で「この度はまことにご愁傷さまでした。」と最後まではっきりと言うのは、一般的に不作法であるとされます。正しいお悔やみの述べ方は、「この度は、まことにごしゅぅ……。」と語尾を消え入るように表現します。

　つまり、あえて**ぼかした表現を使って、相手に察してもらう**方が、洗練された対応であると考えられているのです。

　同じようなことは、日常のいたる場面で見受けられます。つぎの対話もその一つです。

　　Ａ：「あっ、しまった～。財布を忘れちゃった！　どうしよう。」
　　Ｂ：「仕方ないな～。1000 円貸してやるよ。あとで返してね。」

　Ａさんは財布を忘れて困っていますが、Ｂさんに向かってはっきりと、「財布を忘れたから、お金を貸して」とは言っていません。しかしＢさんは、Ａさんの様子とセリフを聞いて、「財布を忘れて困っていて、私にお金を貸してほしいんだな」という内容を推察しています。

　財布を忘れたとは言え、相手に向かって自分から「1000 円貸して」と切り出すのはなかなか言い出しづらいものです。自分から**嫌なことを言わせずに察してほしい**というＡさんの気持ちと、**言いづらいことを言わせず**にこちらから切り出してあげようとするＢさんの会話は、まさに日本的であると言えます。

　このような日本社会の中で、**社会人としてよい人間関係を築くためには、スマートな話し方**を身につけておく必要があります。なかでも、「敬語」や「クッション言葉」は、とても大切です。「敬語」には、中学・高校でも学んできた「**尊敬語**」「**謙譲語**」「**丁寧語**」などがあります。また、語調を柔らかくして間接的な表現にするために使用する「**クッション言葉**」というものがあります。「**敬語**」や「**クッション言葉**」を理解して上手に使えるようになることが、社会人としてふさわしい話し方をマスターする一番の近道です。

3.2 「尊敬語」をマスターする

「尊敬語」は、**動作主に対して敬意を払う**ために用いる敬語です。動作主の行動を表す動詞を、普通の形から「尊敬語」に変えて使用します。つまり、その文章に「尊敬語」が使用されているかどうかを判断するには、その文の**主語（動作主）**が、敬意の対象になる人物であるかどうかを確認すればわかります。

動詞を普通の形から「尊敬語」に変える方法は、おもに３つあります。

(1) **基本の型「お（ご）～になります」を使う場合**

「～」の部分に、普通の形の動詞（連用形）を入れて作ります。「～になります」のかわりに、「～なさいます」を使う場合もあります。

> 例　話す　→　お話しになります／お話しなさいます
>
> 　　持つ　→　お持ちになります
>
> 　　帰る　→　お帰りになります　　　　　　　　　など

(2) **「尊敬語専門表現」を用いる場合**

もとの動詞とはまったく異なる「尊敬語専門表現」を使用することがあります。

> 例　いる　→　いらっしゃいます　　来る・行く　→　お越しになります
>
> 　　言う　→　おっしゃいます　　　くれる　　　→　くださいます
>
> 　　見る　→　ご覧になります　　　食べる　　　→　召し上がります　　など

(3) 尊敬の助動詞「れる・られる」を用いる場合

もとの動詞に、尊敬の助動詞「れる・られる」をつけて作ります。

> 例　帰る　　　→　帰られます
>
> 　　出かける　→　出かけられます　　　　　　　　など

ただし、この (3) 助動詞「れる・られる」を使用した「尊敬語」には、問題点がいくつかあります。１つは、助動詞「れる・られる」には、尊敬の意味以外にも受身・可能・自発の意味があるため、尊敬の意味として使っているかどうかがわかりづらいことです。もう１つは、助動詞「れる・られる」を使用して作った「尊敬語」は、動詞そのものを「尊敬語」にする (1) **基本の型**や、(2) **尊敬語専門表現**とくらべ、どうしても**敬意の度合いが低く**なってしまうことです。そのため、(3) 助動詞を使った「尊敬語」表現では、本人がしっかりと敬語を使用したつもりでも、相手にとってはわかりづらく、効果的な「尊敬語」表現になっていない場合が多く見受けられます。

このような問題点があるため、本テキストでは、(3) の助動詞「れる・られる」を使用した「尊敬語」表現の使用は、あまりお勧めしません。「尊敬語」を使う場合は、できる限り、(1) **基本の型**や (2) **尊敬語専門表現**を使用する方がよいでしょう。

では、「**尊敬語**」をしっかり理解できたかを、【**チャレンジ3**】で確認してみましょう。

【**チャレンジ3**】

　つぎの①〜⑩の下線部を、それぞれ「**尊敬語**」に直して、文を書き直しましょう。ただし、（　）の中は書きません。巻末の（用紙7）を使用します。

①　（上司と昼食に行って）「何に<u>します</u>か。」

②　「先生、『□□□□』という本を<u>読みました</u>か。とても面白いですよ。」

③　「係長、先日の企画案、課長に<u>話しました</u>か。」

④　（上司に）「社長は海外出張から何時頃<u>帰ります</u>か。」

⑤　「部長、明日10時までに取引先に<u>行きます</u>か。」

⑥　（同僚に）「課長が今度の会議には『かならず<u>出る</u>』と<u>言っていた</u>よ。」

⑦　（友人に）「この本はゼミの先生が<u>くれた</u>んだよ。」

⑧　（お客様に）「その件でしたら、あちらの受付で<u>聞いて</u>ください。」

⑨　（同僚に）「社長が部屋で、君を<u>待っている</u>よ。」

⑩　（上司とバスに乗っていて）「<u>どこで降ります</u>か。」

　迷わずに正しい「**尊敬語**」に修正することができましたか。順番に、章末（P.22）にある「尊敬語　解答例」で確認してみましょう。

　【**チャレンジ3**】の①から⑩を通じて、「**尊敬語**」の基本をマスターすることができましたか。間違ったところに注意して、すらすらと言えるようになるまで、何度もくりかえし練習してみましょう。とくに(2)「**尊敬語専門表現**」を用いる方法は、覚えていないと使うことができません。数は多くありませんので、しっかりとマスターしてください。

3.3　「謙譲語」をマスターする

　「**謙譲語**」は、私（私達）の動作を低く表現することで、相手に対して敬意を払う敬語です。**動作の主語はつねに私（私達）**となり、目的語にあたる相手が敬意の対象です。自分の行動を表す動詞を、普通の形から「**謙譲語**」に変えて使用します。

　動詞を普通の形から「**謙譲語**」に変える方法は、おもに3つあります。

(1) 基本の型「お（ご）〜します」を使う場合

「〜」の部分に、普通の形の動詞（連用形）を入れて作ります。「〜します」のかわりに、「〜いたします」や「〜申し上げます」を用いて、さらにへりくだった表現を作ることもできます。

　　　例　渡す　→　お渡しします／お渡しいたします

　　　　　持つ　→　お持ちします／お持ちいたします／お持ち申し上げます

　　　　　伝える　→　お伝えします／お伝えいたします　　　　　　　など

(2)「謙譲語専門表現」を用いる場合

　もとの動詞とはまったく異なる「**謙譲語専門表現**」を使用することがあります。

例　いる　→　おります　　　　来る・行く　→　うかがいます／参ります

　　言う　→　申し上げます　　くれる　　　→　差し上げます

　　見る　→　拝見します　　　もらう　　　→　いただきます　　　など

(3)「〜ていただく」を用いる場合

　相手の行動によって、自分が利益を受ける場合、自分を低くしながら用いる表現です。**過去形**にして使用します。これはビジネスシーンで大変便利な表現ですので、ぜひ覚えましょう。

例　先生から、この本を貸していただきました。

　　昨日、部長に教えていただきました。　　　　　　　　など

　(3) は、(2) であげた、相手に「〜してもらう」という意味の「謙譲語」である「〜し（て）いただきます」をうまく活用した表現です。この形を**質問形**にすると、**立場が上の人**に何かを**依頼する**ときに使える表現にもなります。

例　先輩、この書類の書き方を教えていただけないでしょうか。

　　係長、すみません、あのパソコンをしばらくお貸しいただけませんか。

　3つの方法を活用できそうですか。では、「謙譲語」を正しく理解できたかどうかを、つぎの【**チャレンジ4**】で確認しましょう。

【**チャレンジ4**】

　つぎの①〜⑩の下線部を、それぞれ「謙譲語」に直して、文を書き直しましょう。ただし、（　）の中は書きません。巻末の（用紙8）を使用します。

①　（お客様に）「昨日送ってもらったメール、読みました。」

②　（先生に）「母が戻って来たら伝えます。」

③　（お客様に）「お客様のご意見は、店長が聞きます。」

④　（取引先に）「課長が今度のパーティーには『かならずうかがいます』と言っていました。」

⑤　（取引先に）「来週火曜日の13時に会いたいんですが…。」

⑥　（上司に電話で）「すみません、体調が悪いので休みます。」

⑦　（ウチの人だけの社内集会で）「会長から、あいさつしてもらいます。」

⑧　（ソトの人が多い社内集会で）「専務から、あいさつしてもらいます。」

⑨　（ソトの人が多い会議で）「先ほど我が社の井上部長がおっしゃいましたが、…。」

⑩　（先輩に）「すみません、この書類の書き方を教えてください。」

　いかがですか。迷わずに正しい「謙譲語」を使うことができましたか。**ウチとソト**については、コラム4（P.24）を参照してください。では、順番に章末（P.23）にある「謙譲語　解答例」で確認してみましょう。

　【チャレンジ4】を通じて、「**謙譲語**」の基本はマスターできましたか。「**尊敬語**」の場合と同じく、間違ったところは、迷わず言えるようになるまで何度もくりかえし練習してください。とくに(2)「**謙譲語専門表現**」を用いる方法は、暗記していないと使うことができません。それほど多くありませんので、しっかりとマスターしてください。

3.4　「丁寧語」をマスターする

　「**丁寧語**」は、**聞き手や読み手に敬意を表す言葉**です。**文末に「〜です」「〜ます」「〜ございます」などをつけて表現**します。文章の印象が丁寧になり、間接的に相手への敬意を示します。

　「**丁寧語**」は、場面や相手に合わせてレベルを変えて使用することがあります。日常会話では、敬意の度合いはそれほど高くない「〜です」「〜ます」を使用することが一般的ですが、ビジネスシーンでは敬意の度合いの高い「〜ございます」などもよく使用されます。

例	敬意なし		敬意低い		敬意高い
	応接室は1階だ。	→	応接室は1階です。	→	応接室は1階でございます。
	それでよいか。	→	それでいいですか。	→	それでよろしいでしょうか。
	会議は昨日だった。	→	会議は昨日でした。	→	会議は昨日でございました。

　また、「**丁寧語**」そのものではありませんが、ビジネスシーンでは、**和語（ひらがなの言葉）よりも、漢語（漢字の言葉）が多く使用される**傾向があります。**漢語を使用**する方が文章の**格調が高くなり**、洗練された印象が漂うためでしょう。できるビジネスマンを目指すのなら、ぜひ漢語を上手に使いこなせるようになってください。

例	このまえ	→	先日		すぐに	→	早速
	まとめる	→	要約する		かもしれない	→	の可能性がある
	送る	→	発送する		はんこを押して	→	ご捺印のうえ

　では、「**丁寧語**」について理解できたかを、【**チャレンジ5**】で確認してみましょう。

【チャレンジ5】

　つぎの文章を読み、配達員になったつもりで、下線部に注意して「**丁寧語**」や漢語、必要であれば「**謙譲語**」も使用して言い換えてみましょう。巻末の（用紙9）を使用します。できるだけ高いレベルの敬意表現を使ってください。

　　　（ピンポーン）

　　配達員：ごめんください。シロイヌ宅配です。荷物を持ってきたよ。

　　お　客：はーい。ご苦労様。

　　配達員：東京の田中様からのお届け物です。ここで、いい？

　　お　客：はい、そこに置いてください。荷物の受け取りに印鑑はいりますか。

　　配達員：ううん。はんこはいらないから、ここにサインをお願い。

　いかがですか。ビジネスシーンにふさわしい「**丁寧語**」、漢語、「**謙譲語**」を使うことができましたか。順番に、章末（P.23）にある「丁寧語　解答例」で確認してみましょう。

　「**丁寧語**」の基本はマスターできましたか。間違ったところは、くりかえし練習してください。そしてそれぞれの場面にふさわしい敬語の使い分けができるようになってください。

3.5　　「クッション言葉」をマスターする

　「**クッション言葉**」とは相手に何かを**依頼**したり、**断りづらい内容**を伝えたりする際に、**間にはさんで語調を和らげる言葉**です。3.1 節でも述べましたが、日本語には直接的な表現を嫌う傾向があります。しかしながら、ビジネスシーンでは、ときには相手にとって批判的に聞こえる発言をしなくてはならないこともあります。「**クッション言葉**」をマスターしていれば、反感を買うことなく、スムーズにものごとを進めることができます。「**クッション言葉**」を上手に使えることは、「仕事のできる社会人」にとって必須の条件なのです。

　ビジネスシーンでよく使用される「**クッション言葉**」には、つぎのようなものがあります。

例	〔呼びかけ〕	〔依頼〕	〔断り〕
	失礼ですが	お手数ですが	せっかくですが
	恐れ入りますが	差し支えなければ	わかりかねます
		ご迷惑をおかけしますが	いたしかねます
		大変申し訳ありませんが	大変申し訳ありませんが

　また、日本語には一番言いづらいことを最後まで言わずに途中で止める「言いさし表現」というものがあります。たとえば、顧客からのお誘いをお断りする際に、「行けません」とはっきり答えるのは大変言いづらいものです。そこで、本章の冒頭でも触れたように、途中まで伝えて相手に察してもらう表現を用います。

　　例　ありがたいお誘いなのですが、本日はこの後に上司との打ち合わせがございまして…。
　　　　（「だから、行けません」はあえて言わない。）

　このように、「言いさし表現」を文で表すときには、「…。」のように表記します。

　では、「**クッション言葉**」について理解できたかを、【**チャレンジ 6**】で確認してみましょう。

【**チャレンジ 6**】
　つぎの①〜⑤の場合、どのように言い換えればよいでしょうか。「**クッション言葉**」や、必要があれば「**謙譲語**」、「**丁寧語**」も用いて、それぞれふさわしい表現に直して答えてください。巻末の（用紙 10）を使用します。
　　①　（取引先の相手に）「明日の 16 時までにメールの返信をお願い。」
　　②　（職場の先輩に）「契約書の書き方で、ちょっと聞きたいことがあるんですが、教えてくれる？」

> ③　（取引先の相手に）「明後日の打合せまでに、企画案を送ってもらいたい。」
> ④　（上司に飲みに誘われて）「今日はまだ仕事が残っているので行けません。」
> ⑤　（顧客から依頼されて）「ごめんなさい。うちの会社ではできません。」

　ビジネスシーンにふさわしい「**クッション言葉**」、「**謙譲語**」、「**丁寧語**」を使うことができましたか。章末（P.23）にある「クッション言葉　解答例」で確認してみましょう。

　「**クッション言葉**」の重要性を理解したところで、もう 1 つ知っておいてほしいことがあります。**目上の人の「知識」や「能力」に言及する言葉**です。それはどんなに敬語（「尊敬語」、「謙譲語」、「丁寧語」および「クッション言葉」など）を用いても、**言わない方がよい表現**になります。

　たとえば、自分が企画案や契約内容を説明した後で、顧客や上司にむかって「おわかりになりましたか。」と聞くのは、大変失礼にあたります。なぜなら、いくら「わかる」の「尊敬語」である「おわかりになります」を使用していても、このような発言は、顧客や上司の理解能力を試すような言い方になってしまうからです。

　自分の説明した内容を理解してもらえたかどうかを確認したい場合は、「ご質問がございましたら、ご遠慮なくおっしゃってください。」などのように、「**問題点を指摘してほしい**」という内容を、丁重に**依頼する形**を取って伝えます。理解してほしいと強く望むあまり、かえって顧客や上司の気分を害するのでは、元も子もありません。ビジネスシーンでは、相手の気分を害さないような表現が重要となります。

　また、自分ができないことを目上の人に聞きたい場合は、「おできになりますか」「知っていらっしゃいますか」という表現を使わないようにしましょう。その場合は、「私はできないのですが、教えていただけますか。」というように、「**クッション言葉**」を用いたうえで、「**教えてほしい**」という立場を明確にしてお願いします。

　敬語は、人間関係を円滑にするために用いる言葉です。敬語を使ったつもりで、相手を不快にさせては意味がありません。「仕事のできる社会人」は、どうすればお互いに気分よく話ができるかを考え、つねに**相手の立場に立って発言できる日本語力**を身につけています。ぜひみなさんも、そのような日本語を使いこなせる社会人になってください。

3.6　ビジネスに必要な敬語を実践する

　第 3 章では、ここまで**ビジネスに必要な敬語**について一通り学んできました。では、どのくらいの実力がついたかを、つぎの応用問題で試してみましょう。

【応用 2】
　つぎの文は、顧客、上司、私の会話です。適切でない表現を含む部分を見つけだし、**適切な表現**に書き換えてください。巻末の（用紙 11）・（用紙 12）を使用します。
　顧客：お宅で購入した商品、2 週間で壊れたんですけど。直してもらえます。

私　：あ、ごめんなさい。すぐに修理いたします。

顧客：商品がダメになったの、これで2回目よ。お宅の商品管理は、一体どうなってるの。

私　：すいません。え～と、商品管理についてはわからないので…。

顧客：わからないで済まされたら、困るわよ。こっちはお金を払っているんですからね。

私　：ちょっと、お待ちください。上司に申し上げますので…。

（上司にむかって）

私　：すみません、商品が2週間で壊れたと申し上げているお客様がいて、どう対応したら
　　　いいですか。商品管理が悪いと言ってるんですが…。

上司：きちんと謝罪はしたのかね。私から説明しよう。

（顧客にむかって）

上司：この度は、まことに申し訳ございません。どのようなご用件でしょうか。

顧客：お宅の商品、買って帰って2、3回使ってみたら壊れたの。これで2回目よ。どうい
　　　う商品管理してるのよ。

上司：お客様失礼ですが、取り扱い説明書の内容、おわかりになりますか。こちらの商品は
　　　高温多湿の場所での使用はできないことになっておりまして…。拝見したところ、ど
　　　うもそのような場所で使用されたようなのですが…。

顧客：そんなこと、知ってるわよ。でもちょっとだけなら、大丈夫なんじゃないの。ほら、
　　　生活防水とかいうでしょ。

上司：申し訳ありませんが、この商品は防水対応をしていません。

顧客：まだ買って2週間なんだから、直してもらえない。保証期間でしょ。

上司：取り扱い説明書に書かれた内容を守って使用していただいていないので、うちではで
　　　きません。

　【応用2】は、**ウチとソトが混在する敬語の問題**（P.24 コラム4参照）です。その**場を構成す
るメンバーや自分の立場を瞬時に見極めて、その場にふさわしい敬語を使わなくてはなりません。**
自分の立場によって表現が変わってくることを覚えておきましょう。

　つづいて、【応用3】に挑戦します。

【応用3】

　つぎの文は取引先と私の**電話での会話**です。適切でない表現を含む部分を見つけだし、**適切
な表現**に書き換えてください。巻末の（用紙13）を使用します。

取引先：柏の森商事の萬川と申します。藤本課長はいますか。

　私　：すみません。藤本課長は、お昼休み中です。お帰りの時間はわかりません。

取引先：そうですか。先日見積書をお送りさせていただきました件でお電話しました。見積
　　　　書は拝見なさったでしょうか。

　私　：その件でしたら、藤本課長からうかがっています。見積書は拝見させていただきま

した。

取引先：ありがとうございます。当社のご提案はどうでしたか。

　私　：申し訳ありません。私では対応できません。課長が戻り次第、急いで検討して、折
　　　　り返しお電話します。

　電話での会話は、**表情が見えない**分、いっそう**言葉遣いや声のトーンに注意**する必要があります。詳しくは第5章でとりあげますが、取引先などに電話をかける（電話を受ける）場合、**直接会話をするあなたが**「会社を代表する顔」になります。受け答え一つで、会社のイメージはアップしたりダウンしたりします。どのようなときにも、**誠意をもって対応**するようにしましょう。

　いかがでしょうか。第3章を通じて**ビジネスに必要な敬語**をマスターすることができましたか。「尊敬語」「謙譲語」「丁寧語」「クッション言葉」を正しく理解することはもちろん大切ですが、その根底にあるのは、「相手を尊重しています」という気持ちです。「敬語は言葉の身だしなみ」です。大切な取引先と面会するのに、よれよれのシャツとジーンズを着てくる人はいません。身なりを整えるのと同じように、「言葉の身だしなみ」も整え、つねに**誠意ある対応を心がけること**が大切です。

　あるアンケートで、「現代の日本人の約8割が、『敬語は苦手だ。』『嫌いだ。』と思っている」という結果が公表されていました。しかも、その人々の大半が「学生時代にもっと敬語をしっかり勉強しておけばよかった」と答えています。社会人になってから、敬語が使えないことにコンプレックスを持つのではなく、この授業を受けているみなさんには、ぜひともこの機会に、**敬語が使えるように**努力してほしいと思います。**敬語をマスター**すれば、**円滑な人間関係を築くこと**ができます。それは、将来かならずみなさんの役に立ちます。みなさんの健闘を祈ります。

【チャレンジ】 解答例

【チャレンジ3】「尊敬語　解答例」

① 「何に<u>なさいますか</u>。／何を<u>召し上がりますか</u>。」　　　(2)「尊敬語専門表現」を用います。

② 「先生、『□□□□』という本を<u>お読みになりましたか</u>。」　　　(1) 基本の型を用います。

③ 「係長、先日の企画案、課長に<u>お話しになりましたか</u>。」　　　(1) を用います。

④ 「社長は海外出張から何時頃<u>お帰りになりますか</u>。」　　　(1) を用います。

⑤ 「部長、明日10時までに取引先に<u>いらっしゃいますか</u>。」　　　(2) を用います。

⑥ 「課長が今度の会議には『かならず出る』と<u>おっしゃっていた</u>よ。」　　　(2) を用います。

⑦ 「この本はゼミの先生が<u>くださった</u>んだよ。」　　　(2) を用います。

⑧ 「その件でしたら、あちらの受付で<u>お尋ねになってください</u>。／<u>お尋ねください</u>。」

　　　　　　　　　　　　　　　　　　　　　　　　　　　　　　　(2) を用います。

⑨ 「社長が部屋で、君を<u>お待ちになっていらっしゃる</u>よ。」　　(1) と (2) の両方を用います。

⑩ 「<u>どちら</u>で<u>お降りになりますか</u>。」　　　　　　　　　　　　(1) を用います。

【チャレンジ 4】「謙譲語　解答例」

① 「昨日お送りいただいたメール、拝読いたしました。」(2)「謙譲語専門表現」を用います。

② 「母が戻って参りましたら申し伝えます。」　　　　　　　　(2) を用います。

③ 「お客様のご意見は、店長がうかがいます。」　　　　　　(2) を用います。

④ 「課長が今度のパーティーには『かならずうかがいます』と申しておりました。」

　　　　　　　　　　　　　　　　　　　　　　　　　　　　(2) を用います。

⑤ 「来週火曜日の 13 時にお会いしたいのですが…。／お目にかかりたいのですが…。」

　　　　　　　　　　　　　　　　　　　　(1) 基本の型 OR (2) を用います。

⑥ 「すみません、体調が悪いので休ませていただけないでしょうか。」　(3) を用います。

⑦ 「会長から、ごあいさつをいただきます。」　　　　　　　(2) を用います。

⑧ 「専務から、ごあいさつを申し上げます。」　　　　　　　(2) を用います。

⑨ 「先ほど弊社の井上が申し上げましたが、…。」　　　　　(2) を用います。

⑩ 「すみません、この書類の書き方を教えていただけないでしょうか。」　(3) を用います。

【チャレンジ 5】「丁寧語　解答例」

（ピンポーン）

配達員：ごめんください。シロイヌ宅配です。お荷物のお届けにうかがいました。

お　客：はーい。ご苦労様。

配達員：東京の田中様からのお届け物です。（お荷物は）こちらでよろしいでしょうか。

お　客：はい、そこに置いてください。商品の受け取りに印鑑はいりますか。

配達員：いいえ。ご印鑑は不要でございますので、こちらにご署名をお願いいたします。

【チャレンジ 6】「クッション言葉　解答例」

① 「お忙しいところ恐縮ですが、明日の 16 時までにご返信をいただけると大変助かります。」

② 「すみません、契約書の書き方で、少しうかがいたいことがあるのですが、教えていただけないでしょうか。」

③ 「恐れ入りますが、明後日の打合せまでに、企画案をお送りいただけませんか。」

④ 「せっかくですが、今日はまだお仕事が残っておりますので失礼させていただきます。／仕事が残っておりますので…。（つぎの機会にはぜひ…。）」

⑤ 「申し訳ございませんが、弊社では対応いたしかねます。」

コラム 4　ウチとソトの呼称の違いを学びましょう！

　ビジネスシーンでは、**ウチとソトで呼称の違い**があります。「お父さん、お母さん」を例に考えましょう。この言葉は「お～さん」をつけていますから、「**尊敬語**」であり、身内（**ウチ**）で使うには支障ありません。しかし、対外的な場面（**ソト**）で使用するには、はばかられるので、「父、母」と呼びます。また、「**尊敬語**」の「お父さん、お母さん」は、相手のご両親に対しては使うことができますが、**改まった場合**には「ご尊父、ご母堂」を使用する方がスマートです。これと同じことが、他にもたくさんあります。おもなものをあげてみます。

	私の○○	あなたの○○	改まった場面（文書）で
(1)	父	お父さん	ご尊父
(2)	母	お母さん	ご母堂
(3)	夫/主人	ご主人	ご夫君
(4)	妻/家内	奥様	ご令室
(5)	息子	息子さん	ご子息/ご令息
(6)	娘	お嬢さん	ご息女/ご令嬢
(7)	祖父	お祖父さん	ご祖父
(8)	祖母	お祖母さん	ご祖母
(9)	兄	お兄さん	ご令兄
(10)	姉	お姉さん	ご令姉
(11)	弟	弟さん	ご令弟
(12)	妹	妹さん	ご令妹
(13)	舅 (妻の父)	お義父さま	ご岳父
(14)	姑 (夫の母)	お姑さま	ご令姑
(15)	伯父/叔父	伯父さん/叔父さん	
(16)	伯母/叔母	伯母さん/叔母さん	
(17)	甥	甥御さん	
(18)	姪	姪御さん	
(19)	弊社	貴社/御社	
(20)	拙宅	お宅	

使えたら
カッコイイぜ

第 **4** 章
ビジネス文書の書き方

4.1 基本的なビジネス文書を知る

インターネットが普及した現代社会では、ビジネスシーンでのさまざまな**文書の遣り取り**が、**メールを利用**して行われます。メールは**相手の都合のよいときに見てもらえる**のが最大のメリットで、手書きにくらべて格段に簡単で、仕事の効率も上がりますが、一歩間違えると、自分の失態を瞬時にして多くの人々の目にさらしてしまうことになります。そのようなミスを犯さないためには、**ビジネス文書に対する正しい知識**を身につけておく必要があります。

日本語には「書き言葉」と「話し言葉」の2つがあり、私たちはそれを、さまざまな場面で臨機応変に使い分けています。それと同様に、業務用メールには、**独特の型**や**言い回し**があります。**業務用メール**は、インターネットが普及した 1990 年代以降、一般的になりましたが、その基本は書面による**ビジネス文書**にあると言っても過言ではありません。この第 4 章では、その一般的な**ビジネス文書**の**構造**や**書式**を正しく理解することを目的とします。

一般的な**ビジネス文書**には、おもに「**社内文書**」と「**社外文書**」の 2 種類があります。「**社内文書**」は、**組織内の業務連絡・確認**などのために用いられる文書です。それに対して、「**社外文書**」は**組織間あるいは顧客向けの業務連絡・案内・通知**などに使用します。当然ながら「**社外文書**」の方が、「**社内文書**」よりも丁重な言い回しを用います。

また、「**社外文書**」には、取引企業（あるいは顧客）との**契約**や**取引**に関するものも含まれます。ビジネスの現場では、通常、**契約や取引に必要な情報や責任の所在**などを**書面**で**明確**にしておく必要があります。それを怠ると、苦情・キャンセル・訴訟といったさまざまなトラブルを引き起こすことにもなりかねません。そのため、**ビジネス文書**は、曖昧な書き方や、いい加減な書類作成では済まされないのです。それが、たとえ仕事に不慣れな新入社員が書いた**ビジネス文書**であっても、ミスが含まれていたら取り返しがつかないこともあります。その点をしっかりと認識して、文書の作成に臨んでください。

代表的な「**社内文書**」・「**社外文書**」にはつぎのようなものがあります。

「**社内文書**」…おもに社内などの組織内で使用する文書

　　［届け出］

- 遅刻・早退・欠勤届：遅刻・早退・欠勤の届け出をして許可をもらう文書

［報告］

- 業務日報：1日の業務を報告する文書
- 報告書：出張・調査・契約・取引内容を報告する文書

［命令・提示・提案］

- 企画・計画書：仕事の企画・計画を行う文書
- 命令・指示書：仕事内容・規範などを命令する文書
- 稟議書：会議を開くほどではない新事項が生じたとき、主管者が決定案を作成し、関係者間に回して承認を求める文書

［連絡・問い合わせ］

- 業務連絡書：業務内容について連絡する文書
- 依頼書：業務内容などについて依頼する文書
- 回答書：依頼された事項に対する回答を行う文書

［記録］

- 議事録：会議の内容を記録する文書
- 帳票類：お金の出入りを記入する文書　　　　　など

「社外文書」…おもに社外の組織や個人と遣り取りする文書

［取引に関する書類］

- 見積書：商品などの見積もりをした文書
- 注文書：商品などの注文を行う文書
- 契約書：商品などの契約を記載した文書
- 納品書：商品などを取引先に納めたことを証明する文書

［金銭に関する書類］

- 請求書：商品などの代金を請求する文書
- 領収書：商品などの代金の受領を示す文書
- 督促状：支払いや商品の発送などをすぐに行うように伝える文書
- 振込依頼書：商品などの代金の振込を依頼する文書

［業務に関する書類］

- 依頼書：相手に仕事を依頼する文書
- 承諾書：相手からの依頼や要求を引き受けることを伝える文書
- 申請書：許可・承認を得るために願い出る文書
- 通知書：手続きの終了や連絡先の変更などを知らせる文書

［特殊な書類］

- 案内状：商品やイベント、サービス内容の案内などを知らせる文書
- 詫び状：相手にお詫びを伝える文書　　　　　　など

おもなものだけで、これだけ多くの種類があることに、驚いたことでしょう。しかし社会人に

なれば、これらのすべての書式を理解して、どのような種類の**ビジネス文書**も作成できるようにしておかなければなりません。次節では、このような「**社内文書**」・「**社外文書**」があることを理解したうえで、その基本書式を確認してみましょう。

コラム5　ビジネスシーンでの押印には、十分注意を！

　ビジネスシーンで押印を必要とする場面はいくつもあります。どのような場面で、どのような印が必要なのかを、しっかり理解しておいてください。とくに**紙文書**での**社外文書**は、**押印**することによって**重要書類**となります。**間違った押印**は、**大きなトラブルの原因**となります。くれぐれも押印をするまえに、慎重に確認を行ってください。

　押印の際には、原則、**朱肉**か**スタンプ台**を使用します。ただし、社内文書を回覧する際の確認印などでは、スタンプ型印鑑も可とする企業もあります。その場合は、かならず社内規則を確認してから行ってください。おもな印の種類を、つぎにあげます。

社　印：会社の実印。契約書など最重要文書に使用する。

契　印：複数枚からなる契約書の継ぎ目にまたがらせて押し、書類が連続していることを示す印。

割　印：押切印、割判ともいう。同じ文書を2部以上作成した場合（原本と写しなど）、1部に半分だけ写るように押す印。また、領収書とその台紙に、半分ずつ写るように押す印などもある。

捨て印：証書などで訂正を予期して、あらかじめ欄外に押しておく印。事前に押しておくことで、軽微な誤記があった場合に、訂正印を押す手間を省くことができる。

4.2　ビジネス文書の基本書式をマスターする

　ビジネス文書には、**基本となる書式**があります。まずその書式を正しく知ることが必要です。ただし、会社によっては、さまざまなビジネス文書の様式が決められている場合が多いようです。実際に書く場合は、見本となる文書をよく見て、わからないところは**上司や先輩に確認**し、**様式をしっかり守って**書きます。決して勝手に省略したり、自分の判断で書いたり、書き換えたりしてはいけません。

　とくに「**社内文書**」は、**会社ごとにルールや書式が決められ**ていることが多いので、一般的な形式を示すことは困難です。それに対して、「**社外文書**」には、ある程度の**基本書式**があります。この節では、ビジネス文書として「**社外文書**」を想定し、その**基本書式**について解説します。

　みなさんは〈例　見積書〉(P.28)のような**ビジネス文書**を見たことがありますか。これは、あるノート型パソコンの見積書です。見積もりの依頼をしたのは柏の森工業株式会社で、見積書の作成をしたのは、株式会社ホソエデンキです。

〈例　見積書〉

第〇-0051

令和〇年〇月〇日

柏の森工業株式会社

総務課課長 長島 建一 様

株式会社ホソエデンキ

営業部第二営業課課長

深沢 あき子

ノート型パソコンの御見積

拝啓　向夏の候、貴社におかれてはますますご盛栄のこととお慶び申し上げます。平素は格別のご厚情をたまわり、厚く御礼申し上げます。

　さて、先日は業務用ノート型パソコン御見積のご依頼をたまわり、誠にありがとうございました。下記のように御見積をいたしました。何卒よろしくご検討のほどお願い申し上げます。

敬具

記

1. ご依頼品　　　　ノート型パソコン「DioBook S32 型」（Mistusiba）
2. 御見積単価　　　158,000 円（税込）
3. 納期　　　　　　御打合せ
4. 納入場所　　　　御打合せ
5. 御支払　　　　　御打合せ
6. 御見積有効期間　御見積提出後 3 ヶ月

以上

担当　営業部第二営業課

伊藤 進

ito-susumu@hosoedenki.co.jp

〈例　見積書〉の**基本書式**をわかりやすく分解したものが、下の図になります。この図は、「**社外文書**」の**基本書式**を表しています。一般的に「**社外文書**」の**基本書式**は、このように (1) **前付**、(2) **本文**、(3) **後付**の３部で構成されています。

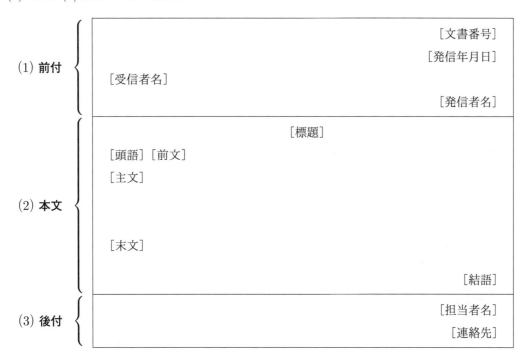

それでは、それぞれの部分ごとに、何に注意すればよいのかを確認します。

(1) 前付

まず、本文の前に［文書番号］・［発信年月日］・［受信者名］・［発信者名］を記載します。［受信者名］は左寄せ、その他の［文書番号］・［発信年月日］・［発信者名］は右寄せにします。

① 　［**受信者名**］には、かならず**正式名称を記載**します。［**受信者名**］・［**発信者名**］には、それぞれの**部署の責任者を記載**します。個人名を間違えるなどは問題外ですが、受信者が会社の場合、**会社名**を誤って記載するのは大変失礼にあたります。漢字ミスなども十分注意してください。また、「**株式会社**」**などの種類の表記**が、前にあるのか、後にあるのかにも注意が必要です。確認をしてから記載します。

　　　例　株式会社タカハシ（前株）　　　OR　　　高橋工業株式会社（後株）

② 　とくに「**社外文書**」の場合、**敬称の書き方**にも気をつけます。会社などの組織に送る場合は「**御中**」、個人に送る場合は「**様**」、多数の個人に対しては「**各位**」を用います。

　　　例　×株式会社タカハシ 様　　　　○株式会社タカハシ 御中

　　　例　×伊藤 進 御中　　　　　　　○伊藤 進 様

　　　例　×第一営業部の皆様　　　　　○第一営業部 各位

③ 　**役職名の後に敬称はつけない**ようにします。たとえば、「課長」という役職名と「様」とい

う敬称を、同時に両方使うのは、一般的にはスマートでないとされます。日本語では、**氏名の後ろに役職名を付ける**と、それだけで**敬称扱い**になります。そのため、さらにそれに敬称を付けるのは不自然になるからです。

　　例　×総務課 長島 建一 課長 様　　　　○総務課課長 長島 建一 様

ただし、最近では「○○課長様」「□□社長殿」などの言い回しをする人もいます。その方が丁寧だという考え方からです。実際にどちらの形を使用するかは、それぞれの会社によって異なることが多いので、見本となる文書でどのような表記がされているかを確かめ、それに倣ってください。

参考までに、ここで「社内文書」における敬称の付け方についても確認しておきます。一般的な「**社内文書**」の場合、「様」は使用しません。役職がある場合は**役職名**をつけ、役職がない人（平社員）の場合は「**殿**」を使用します。

　　例　×総務課 深沢あき子 様　　　　○総務課 深沢あき子 課長
　　　　　　　　　　　　　　　　　　　○総務課 伊藤 進 殿

(2) 本文

　「**社外文書**」の本文は、［標題］・［頭語］・［前文］・［主文］・［末文］・［結語］の 6 つの要素で構成します。それに対して「**社内文書**」の場合、社内の人は身内ですので、最低限の敬語は使用しますが、基本的には［標題］と［主文］だけを記載します。ここでは「**社外文書**」の例を中心に解説しましょう。

① 　［**標題**］は、**一見してこの文書の内容がわかる**ようにつけてください。
② 　「**社外文書**」で必要な［**頭語**］と［**結語**］には、決まった形式があります。もっとも一般的な組み合わせは「**拝啓**」・「**敬具**」です。先方からの連絡に**返信をする**際には、「**拝復**」・「**敬具**」となります。
③ 　［**前文**］は「時候の挨拶」「安否確認の挨拶」「感謝の挨拶」などをつなぎあわせて作ります。
　　　例　向夏の候、貴社におかれてはますますご盛栄のこととお慶び申し上げます。
　　　　　「時候の挨拶」　　　　　　　　　「安否確認の挨拶」
　　　　　平素は格別のご厚情を賜り、厚く御礼申し上げます。
　　　　　　　　　　　　　　　「感謝の挨拶」
④ 　［**主文**］では、この文書の内容を明確に、簡潔に記載します。
⑤ 　［**末文**］は、［主文］の**最後に書く**挨拶です。文書を受け取る相手に、**好印象を与える**ような工夫をします。
　　　例　お手数をお掛け致しますが、何卒よろしくお願い申し上げます。
　　　　　取り急ぎ、ご連絡まで。（略式表現）　　　　　　　　　　　　　　など

(3) 後付

　後付には、［担当者名］や［連絡先］を記載します。この文書の、実際の問合せ窓口となる人物とその連絡先を記載する場所です。また、［主文］と分けて「**別記**」「**追記**」などを加えて用件を

整理してわかりやすくする場合もあります。「**別記**」の記載方法は、一般的に、中央に「**記**」と記載し、その下に**整理した用件を、番号をふるなどして列記**します。その後に「**以上**」と書いて締めくくります。

　ここまで、「**社外文書**」の事例を中心に、一通り**ビジネス文書の基本書式**を確認してきました。次節では、ここで学んだ知識をもとに、実際に**ビジネス文書**を書いてみましょう。

コラム6　ビジネス文書における時候の挨拶とは？

　「**社外文書**」の「**前文**」は、「**時候の挨拶**」「**安否確認の挨拶**」「**感謝の挨拶**」などを組み合わせて作られています。なかでも「**時候の挨拶**」は、季節や状況に合わせて、文書を作成するごとに選んで使用します。おもなものを旧暦の呼称とともにあげてみましょう。

1月	(睦月_{むつき})	初春の候・松の内も過ぎ・厳寒の候
2月	(如月_{きさらぎ})	立春の候・余寒の候・春寒のみぎり
3月	(弥生_{やよい})	早春の候・浅春の候・春寒次第に緩み
4月	(卯月_{うづき})	陽春の候・春暖の候・葉桜の美しいみぎり
5月	(皐月_{さつき})	立夏の候・新緑の候・初夏の候
6月	(水無月_{みなづき})	梅雨の候・麦秋の候・向夏の候
7月	(文月_{ふみづき})	盛夏の候・猛暑の候・酷暑のみぎり
8月	(葉月_{はづき})	残暑の候・晩夏の候・秋涼の候
9月	(長月_{ながつき})	初秋の候・孟秋の候・清涼の候
10月	(神無月_{かんなづき})	秋冷の候・秋晴の候・菊花薫る時節
11月	(霜月_{しもつき})	晩秋の候・深冷の候・向寒のみぎり
12月	(師走_{しわす})	初冬の候・師走の候・歳晩の候

使えると good!

　いつも「○○の候」ばかりでなく、ときには「福寿草の花が春の訪れを感じさせる季節となりました」「春風駘蕩のお日和が続いております」「初霜の便りが届く季節となりました」など、季節感あふれる「**時候の挨拶**」ができるようになるとよいですね。この「**時候の挨拶**」は、ビジネス文書以外でも、**手紙を書く際にも必要**ですから、ぜひ覚えておいてください。

　ただし、「**頭語**」が「**急啓**」「**前略**」などの場合は、省略することも可能です。会社によっては、**季節を問わずに使用できる「時下」**を用いる場合もあります。

4.3　ビジネス文書の書き方を実践する

　ビジネス文書の基本を正しく理解できているかどうかを、【例題5】で確かめます。

【例題5】

　つぎのビジネス文書は、柏の森工業株式会社から、株式会社ホソエデンキの営業部第二営業課深沢あき子課長あてに送られた注文書です。空欄（①～⑩　　）に、適切な表記を記入して、注文書を完成させてください。発信年月日は本日付にします。巻末の（用紙14）を使用します。

福岡発 12345 号

令和　年　月　日

（①　　　　　　　　　　　　　　　）

（②　　　　　　　　　　　　　　　　）

柏の森工業株式会社

総務課課長　長島 建一

（③　　　　　　　　　　　　　）

（④　　　　）向夏の候、（⑤　　　　　　　　　　　　　　　　　　　　　　）お慶び申し上げます。平素は格別の（⑥　　　　　　　　　　　　　）、厚く御礼申し上げます。

　さて、先日は業務用ノート型パソコンの見積書をありがとうございました。検討の結果、（⑦　　　）ではこの度、業務用ノート型パソコン 10 台を新規購入することにいたしました。以下の通り、発注をいたします。（⑧

　　　　　　　　　　　　　　　　　　　　　　　　　　　　　　）。

敬具

（⑨　　　　　）

1.　注文品　　ノート型パソコン「DioBook S32 型」（Mistusiba）
2.　数量　　　10 台
3.　単価　　　158,000 円（税込）
4.　納期　　　令和〇年〇月〇日
5.　支払い　　28 日締め翌 10 日払い（小切手）

（⑩　　　　　）

担当　総務課 村井 敬子

murai@kayanomorikougyou.co.jp

　いかがですか。**ビジネス文書の基本書式**を守って、正しく作成することができましたか。それでは一緒に、章末（P.34）にある解答例で確認してみましょう。とくに［**受信者名**］の**記入ミスがないように**、十分注意をしてください。また、［**前文**］や［**末文**］には**決まった言い回し**がありますから、それをしっかりと覚えてください。

　それでは最後に、ここまで学んだ内容を踏まえて、適切な**ビジネス文書**を作成してみましょう。

【応用 4】

　あなたは上司から、顧客に送る「展示会の案内状」を作成するように言われました。**ビジネス文書の基本書式**を守って、正しく作成してください。巻末の（用紙 15）を使用して、以下の条件 1〜5 を守って作成します。

> 条件 1　顧客名は、「株式会社カシワ事務機器」の「販売部 柏 森夫課長」を使用します。
>
> 条件 2　あなたの会社は「飯塚工業株式会社」で、上司は「総務課 山村 学課長」です。担当者はあなたの名で、連絡先は「○○○○@iizukakougyo.co.jp」です。
>
> 条件 3　案内内容は「新製品の業務用コピー機の展示会」のお知らせです。
>
> 条件 4　日時は、令和○年○月○日（月）から○日（金）（土、日を除く）の 10：00 から 17：00 です（年月日は担当教員の指示に従って記載してください）。
>
> 条件 5　展示会場は、「柏記念館（飯塚市桜の森 11−6）」です。

　ビジネス文書の基本書式を守って、正しく作成することができましたか。本書で学べるのは、**ビジネス文書の書式**のごく一部に過ぎません。しかし、このような**書式があること**、それが**ビジネス社会ではとても重要**なものであること、また、**わずかなミスが契約に関わる重大な問題を引き起こす**可能性があることを、みなさんにはぜひ知ってほしいのです。今はまだ、このような文書書式の重要性があまり見えないかもしれませんが、みなさんが現在学んでいることは、社会人になったときにかならず活きてきます。将来の目標を高く掲げて、しっかりと習得してください。

【例題 5　解答例】

福岡発 12345 号

令和　年　月　日

（① 株式会社ホソエデンキ）

（② 営業部第二営業課課長 深沢 あき子 様）

柏の森工業株式会社

総務課課長 長島 建一

（③ ノート型パソコンの注文）

（④ 拝復）向夏の候、（⑤ 貴社におかれてはますますご盛栄のことと）お慶び申し上げます。平素は格別の（⑥ ご厚情を賜り）、厚く御礼申し上げます。

　さて、先日は業務用ノート型パソコンの見積書をありがとうございました。検討の結果、（⑦ 弊社）ではこの度、業務用ノート型パソコン 10 台を新規購入することにいたしました。以下の通り、発注をいたします。（⑧ ご多用中のこととは存じますが、何卒よろしくお取り計らい下さいますようお願い申し上げます）。

敬具

（⑨ 記）

1.　注文品　ノート型パソコン「DioBook S32 型」（Mistusiba）

2.　数量　　10 台

3.　単価　　158,000 円（税込）

4.　納期　　令和○年○月○日

5.　支払い　28 日締め翌 10 日払い（小切手）

（⑩ 以上）

担当　総務課 村井 敬子

murai@kayanomorikougyou.co.jp

コラム 7　ビジネスメールの書き方を知っていますか？

　ビジネスシーンにおいて、メールでのやりとりは欠かすことができません。電話のように**相手の都合を気にすることなく**、瞬時に情報の伝達ができる大変便利なツールですが、便利であるからこそ、**守らなければならないルールやマナー**があります。ここでは、**ビジネスメールの基本的な書き方**を解説します。

ビジネスメールのルール 1　「件名」は簡潔にわかりやすく！

　ビジネスメールの利点の 1 つは、**時間の短縮**をはかり、仕事の効率をあげることです。当然、メールには**効率重視**が求められます。そのために大切なのは、**「件名」**です。大量のメールを処理する場合、**受信者側は「件名」でその重要性や緊急性を判断**します。うっかり見過ごしてしまわれたり、後回しにされたりしないためには、簡潔でわかりやすい「件名」にする必要があります。

> 例　×ご連絡　×お願い　×ご案内
> 　　○新商品展示会のご連絡（6 月 24 日）
> 　　○ご依頼商品のお見積りについて【お願い】
> 　　○【至急】企業合同説明会のご案内

ビジネスメールのルール 2　手軽だからこそ、言葉は慎重に選んで！

　メールは顔の見えない「会話」です。しかも電話と違ってくりかえし見返すことができます。そのため、相手にとって不愉快な内容を書いてしまった場合、相手がそれをくりかえし見ることで、怒りを増幅させてしまうこともあり得ます。相手に**誤解を与えない**ような**慎重な言葉選び**をしなければなりません。

　また、うっかりと**誤った表現や情報**を使用して、あっという間に**拡散する可能性**もあります。このように、メールは**便利であるがゆえに大変怖いツール**でもあります。対処法としては、ビジネスメールでよく使用する**定型文を上手に活用**すると、誤りや失敗を回避できます。

> 例　いつもお世話になっております。
> 　　先ほどはお電話にて失礼いたしました。
> 　　本日はわざわざご足労いただき、ありがとうございました。
> 　　よろしくご査収ください。
> 　　ご協力のほど、何卒よろしくお願いいたします。
> 　　どうかよろしくご検討ください。
> 　　略儀ながら、まずはお礼かたがたメールにて失礼いたします。　　など

ビジネスメールのルール 3　的確かつ簡潔な言い回しで！

　メールは**効率を重視した連絡ツール**です。したがって、**用件には的確かつ簡潔な表記**が求められます。原則、**用件は 1 スクロール以内**にまとめること。また、**ひと区切りごとに 1 行を空けて**、見やすく表記します。言い回しも、**ルール 2** であげた**定型文**を上手に使って、不要な言葉は極力入れず、**1 文を短くする**よう工夫します。

　では、ここであげた**ルール**に則ったメールの例をつぎのページに示します。

　いかがでしょうか。流れを確認すると、①**宛名**、②**自己紹介**、③**本文**、④**締め**、⑤**日付**、⑥**署名**になります。⑥**署名**は、メーラー設定で事前に作っておくことができます。

株式会社高島商事　人事部　岡 浩司様　　　　　　　　　　　　……①

はじめまして、突然のメールにて失礼いたします。私
飯塚大学産業理工学部経営学科3年の松田絵美子と申します。　　……②

この度、ソラナビのホームページにて、
貴社がインターンシップの募集をなさっていることを
知りました。ぜひとも応募させていただきたいと存じます。
添付ファイルにて、必要書類一式をお送りいたします。　　　　　……③
よろしくご査収ください。

ご多用中とは存じますが、エントリーに必要な情報を、
下記連絡先までお送りくださいますようお願い申し上げます。

取り急ぎ、用件のみにて失礼いたします。　　　　　　　　　　　……④

4月18日（木）　　　　　　　　　　　　　　　　　　　　　　……⑤

＊＊＊＊＊＊＊＊＊＊＊＊＊＊＊＊
　飯塚大学 産業理工学部 経営学科
　　　　松田　絵美子　　　　　　　　　　　　　　　　　　　……⑥
　　ematuda@iizuka.ac.jp
＊＊＊＊＊＊＊＊＊＊＊＊＊＊＊＊

　いかがでしょうか。流れを確認すると、①宛名、②**自己紹介**、③**本文**、④**締め**、⑤**日付**、⑥**署名**になります。①宛名には、相手の**正式な会社名を間違えずに記載**してください。担当者の名前がわかっている場合はそれを書きます。わからない場合は「人事部担当**御中**」のように記載します。②**自己紹介**は、大学名から学部、学科まで記載します。名前は当然、フルネームです。③**本文**、④**締め**は、定型文ですから、覚えてしまいましょう。⑤**日付**も忘れずに。⑥**署名**は、メーラー設定で事前に作っておくことができます。
　最後に、言うまでもないですが、このようなビジネスメールに**絵文字**は**使用しません**。紙文書ほどの厳格なルールはありませんが、**紙文書より軽い**コミュニケーションと捉えられています。送る場面や、送る相手との関係性を見極めて使用してください。

第 **5** 章
ビジネスシーンでの電話の応答

5.1 基本的な電話の応答方法（マナー・言葉遣い・敬語など）を知る

　第4章では、ビジネス文書の書式を学びましたが、この章では、**ビジネスシーンにおける電話の応答方法（マナー・言葉遣い・敬語など）** について学習します。携帯電話が普及した現在、**仕事で電話を使用する**ことは避けて通れません。にもかかわらず、新入社員が入社後にもっともおちいりやすい問題は、電話に出ることを嫌がる「電話恐怖症」であると言われます。それは、**ビジネスシーンにおける電話の応答方法（マナー・言葉遣い・敬語など）** を、正しく身につけていないために引き起こされます。

　やる気満々で入社したA さんは、新入社員研修後すぐに、顧客からの電話担当になりました。ところが、顧客に対して慣れ慣れしい言葉遣いをして、顧客を怒らせてしまいました。さらに先輩社員に伝言しなければならない重要な情報をメモできずに、問題を起こします。上司からそのことを叱責され、「電話恐怖症」になってしまいました。

　この話は、先日のインターネットニュースのトップに掲載されており、筆者は大変驚きました。みなさんも、「まさか、電話くらいでそんなことはない」と思ったのではないでしょうか。しかし、この話は、かなりの新入社員が、現実に電話応答をめぐって悩んでいる実態を浮き彫りにしています。

　入社したばかりの新入社員が、いきなり難解なビジネス文書の作成を命じられることは、まずありません。慣れるまでは、上司や先輩についてビジネス文書の基本書式などを覚えることから始まります。けれども電話の応答に関しては、上司や先輩から「当然できるもの」と思われているケースが多く、先輩たちが忙しいときにかかってきた電話は、新入社員が取るのが当たり前であると考えられています。

　ところが、スマートフォンや携帯電話が普及した中で育ってきた若者たちは、社会人になるまでメールやメッセンジャーアプリによる連絡で済ませてきてしまったため、実際に**電話での応答方法（マナー・言葉遣い・敬語など）** を正しく学んだ経験がありません。その結果、上司や先輩が当たり前と考える電話応答ができないことが多々あります。周囲から「こんなこともできないのか」と叱られ、それが何度か重なると、自信をなくし、電話に出るのが怖くなって「電話恐怖症」になるというのです。

　このような問題は、ビジネスシーンにおける**基本的な電話の応答方法（マナー・言葉遣い・敬語など）**を習得すれば解決できます。以下の【チャレンジ7】に挑戦しながら、**基本的な電話の応答方法（マナー・言葉遣い・敬語など）**とは何かを考えてみましょう。

【チャレンジ7】

　つぎの(1)〜(20)の内容で、ビジネスにおける**電話の応答方法（マナー・言葉遣い・敬語など）**として正しくないものには×を、正しいものには○をつけてください。解答は、巻末の（用紙16）を使用します。

〈一般的なマナー編〉

(1)　外出先から電話するときは、静かな待合室など座って話せる場所からかける。

(2)　通話中に喉が渇いても、水などを飲みながら電話してはいけない。

(3)　会社で支給されている携帯電話は、少しなら私用に使っても許される。

(4)　急な顧客からの電話の場合は、運転しながらの通話も止むを得ない。

(5)　携帯電話のカメラ機能で人を撮影する際には、事前にその人の了承を得る。

〈電話をかける編〉

(6)　固定電話の横には、筆記用具（メモ用紙とペン）を置いておく。

(7)　とりあえずかけてから、用件をどう言うかを考える。

(8)　指示がない限り、携帯電話にかけるのは、緊急時のみにする。

(9)　先方を緊張させないよう、できる限り親しみやすく話しかける。

(10)　電話をかけたときは、相手から聞かれる前に、自分の所属と名前を言う。

(11)　名指し人に電話をかわってもらったら、再度自分の所属と名前を言う。

(12)　用件を話す前に、「今少しお時間いただけませんか」と相手の都合を確認する。

(13)　間違えてかけた時は、「すみません」と言って慌てて切る。

〈電話を受ける編〉

(14)　電話が鳴ったら、いきなり出ると相手が驚くので、3コール待ってから出る。

(15)　ビジネス電話では、受話器を取ったら「もしもし」とは言わず、自分から所属と名前を言う。

(16)　名指し人が不在のときは、不在の理由をはっきりと伝える。

(17)　名指し人にかわってほしいと言われたら、すぐに取りつぐ。

(18)　1分以上保留にする場合は、途中でもう一度電話に出て謝る。

(19)　相手から伝言を受ける場合は、かならずメモを取る。その際は用件を復唱して間違いのないよう確認する。

(20)　最後に自分の名前をもう一度伝え、相手が切る前に先に受話器を置く。

　(1)〜(20)のうちいくつを正解できましたか。間違ったものがあるときは、それがなぜ間違いなのかをしっかりと理解し、記憶してください。そのうえで、**正しい電話応答**が実践できるよう、くりかえし練習してください。社会人になってから「電話恐怖症」などにならないよう、今から十分に備えておきましょう。

5.2　基本的な電話の応答方法を実践する

　では、【チャレンジ7】で学んだことをきちんとマスターできたかどうかを、つぎの【例題6】と【例題7】で確認してみましょう。

【例題6】

　つぎの**電話による会話**の中で、伊藤さんが**不適切な応答（マナー・言葉遣い・敬語など）**をしている箇所を指摘し、どのように修正したらよいかを説明して、正しい表現に修正してください。解答は巻末の（用紙17）を使用します。

伊藤：（電話をかける）。

村井：はい、株式会社ホソエデンキ、総務課の村井です。

伊藤：あのー、すいません、長島課長さんいますか。

村井：失礼ですが、どちらさまでしょうか。

伊藤：あ、ごめんなさい。柏の森工業株式会社の伊藤です。

村井：いつもお世話になっております。大変申し訳ございませんが、ただ今、長島は席をはずしておりまして…。

伊藤：何時ごろでしたら、お戻りでしょうか。

村井：11時には戻ると存じますので、戻り次第こちらからお電話をいたしましょうか。

伊藤：うん。じゃあ、よろしく。柏の森工業株式会社の伊藤進宛にお電話をください。

村井：承りました。では、長島に申し伝え…。

伊藤：（相手が話し終わらないうちに電話を切る）。

【例題7】

　つぎの**電話による会話**の中で、小林さんが**不適切な応答（マナー・言葉遣い・敬語など）**をしている箇所を指摘し、どのように修正したらよいかを説明して、正しい表現に修正してください。解答は巻末の（用紙18）を使用します。

（電話が鳴る）。

小林：はい、もしもし。

長島：柏の森工業株式会社様でしょうか。

小林：はい、そうですが…。

長島：私、株式会社ホソエデンキ、総務課の長島と申しますが、本日の10時頃に、そちらの営業部第二営業課の伊藤進様からお電話をいただきまして…。伊藤進様はいらっしゃいますでしょうか。

小林：伊藤は、今昼食にお出かけになっていて、いらっしゃいません。

長島：そうですか…。お戻りは何時頃でしょうか。

小林：えーと、ちょっとわかりません。

長島：そうですか…。ではまた15時頃にお電話いたします。

小林：わかりました。（電話を切る）。

　いかがですか。どこが**不適切な応答（マナー・言葉遣い・敬語など）**をしている箇所であるか
わかりましたか。また、正しい応答方法を、きちんと説明できましたか。
　では、順番に確認していきましょう。**【例題6】**が電話をかける側、**【例題7】**が電話を受ける
側の応答方法（マナー・言葉遣い・敬語など）を確かめる問題でした。

【例題6】伊藤さんが**不適切な電話の応答方法（マナー・言葉遣い・敬語など）**をしている箇所に
下線を引くと、以下の通りになります。

　　伊藤：（電話をかける）。
　　村井：はい、株式会社ホソエデンキ、総務課の村井です。
　　伊藤：①あのー、すいません、長島課長さんいますか。
　　村井：失礼ですが、どちらさまでしょうか。
　　伊藤：②あ、ごめんなさい。柏の森工業株式会社の伊藤です。
　　村井：いつもお世話になっております。大変申し訳ございませんが、ただ今、長島は席をはず
　　　　　しておりまして…。
　　伊藤：何時ごろでしたら、お戻りでしょうか。
　　村井：11時には戻ると存じますので、戻り次第こちらからお電話をいたしましょうか。
　　伊藤：③うん。じゃあ、よろしく。④柏の森工業株式会社の伊藤進宛にお電話をください。
　　村井：承りました。では、長島に申し伝え…。
　　伊藤：⑤（相手が話し終わらないうちに電話を切る）。

　ほぼすべての伊藤さんの応答に下線が入ってしまいました。①から⑤のどこが適切でないのか
を順番に説明します。

【例題6　解答例】
①　最初に**自分の所属と名前を名乗っていない点**が不適切です。電話をかけたら、**相手から聞
かれる前に自分の所属と名前**を言います。合わせて、**日頃からお世話になっているお礼を
述べる**と、さらによいでしょう。
　　セリフを修正するとつぎのようになります。
　　「わたくし、柏の森工業株式会社の（営業部第二営業課の）伊藤進と申します。いつもお
世話になっております。恐れ入りますが、総務課課長の長島様はいらっしゃいますか。」
②　**名乗らずに電話をした非礼を詫びていない点**が不適切です。相手に丁重な謝罪の言葉を述
べます。①で名乗っていないので所属と名前も言います。また、**相手の会社の社員に、敬
語を使用して話をしていない点**が不適切です。
　　「大変失礼しました（申し遅れました）。柏の森工業株式会社の伊藤です。恐れ入ります
が、総務課課長の長島様（総務課の長島課長）はいらっしゃいますか。」
③　**正しい敬語を使用**して話をしていない点が不適切です。
　　「すみません。では、お願いします。」

④　どのような用件で電話をかけたか、伝えていない点が不適切です。**用件は、簡潔にまとめ**ましょう。

「柏の森工業株式会社の伊藤進が、<u>先日の〇△□の件でお電話差し上げましたとお伝えください。</u>」

⑤　**相手が話し終わらないうちに電話を切っている点が不適切**です。この行為は大変無礼に当たりますので、決してしないでください。基本は**かけた側から先に電話を切ります**が、正しい電話応答の方法を指導している企業であるならば、**先方が話し終わった後に**、**挨拶をしてから受話器を置くようにと**、厳しく指導しているはずです。

「<u>ありがとうございます。</u><u>ではよろしくお願いします。</u><u>失礼します。（受話器をおく）</u>」

つづけて【例題7】の確認をしてみましょう。

【例題7】小林さんが**不適切な電話の応答方法（マナー・言葉遣い・敬語など）**をしている箇所に<u>下線を引く</u>と、以下の通りになります。

（電話が鳴る）。

小林：はい、①<u>もしもし。</u>

長島：柏の森工業株式会社様でしょうか。

小林：②<u>はい、そうですが…。</u>

長島：私、株式会社ホソエデンキ、総務課の長島と申しますが、本日の10時頃に、そちらの営業部第二営業課の伊藤進様からお電話をいただきまして…。伊藤進様はいらっしゃいますでしょうか。

小林：③<u>伊藤は、今昼食にお出かけになっていて、いらっしゃいません。</u>

長島：そうですか…。お戻りは何時頃でしょうか。

小林：④<u>えーと、私にはわかりません。</u>

長島：そうですか…。ではまた15時頃にお電話いたします。

小林：⑤<u>わかりました。（電話を切る）。</u>

こちらも、すべての小林さんの応答に下線が入ってしまいました。①から⑤のどこが不適切なのかを説明します。

①　電話を取ってすぐに、**自分の所属と氏名を名乗っていない点が不適切**です。ビジネスシーンでは、「もしもし」と言って電話は取りません。

「はい、<u>柏の森工業株式会社（営業部第二営業課）の小林です。</u>」

②　**名乗らずに電話を受けた非礼を詫びていない点が不適切**です。**相手に丁重な謝罪の言葉を**述べます。①で名乗っていないので所属と名前も言います。

「<u>大変失礼いたしました。柏の森工業株式会社営業部（第二営業課）の小林です。</u>」

③　**4つの不適切な点があります。1点目は**、先方が名乗ったのに対して、**日頃のお礼を述べ**ていない点。**2点目は**、伊藤さんが**不在の理由をはっきりと述べている点。3点目は**、同

僚の不在を詫びていない点。4点目は、同僚の伊藤さんに対して**尊敬語**「おでかけになっていて／いらっしゃいません」**を使用**している点です。

　詳しくみてみましょう。1点目は、電話の相手が取引先であるとわかった段階で、「いつもお世話になっております。」という**お礼を述べて**ください。ビジネスの基本です。2点目は、「昼食に出かけていて」とはっきり伝えているのがよくありません。うがった見方をすれば、「先方からの電話よりも昼食を優先させた」と受け取られかねないからです。同様に「トイレに行っています。」や「昼食で不在です。」など、**個人的な不在理由を述べる**のは、ビジネスシーンでは相応しくありません。ただし、「出張で3日ほど不在です。」などのように、不在期間が長い場合や、不在理由が仕事である場合は伝えた方がよいこともあります。**不在の理由を言った方がよいかどうか迷うような場合**は、「ただ今席をはずしております。」などのように、ぼかして伝える方が無難です。また同僚が不在で先方に迷惑をかけていることに対する謝罪の言葉「申し訳ございません」も必要です。4点目は、第3章の敬語でも学習しましたが、**自社の人間の行動を社外の人に伝える時**には、「尊敬語」ではなく「謙譲語」を使います。③の修正例としては、以下のようになります。

　「いつもお世話になっております。申し訳ございません、伊藤はただ今、席をはずしております（／席をはずしておりまして…）。」

④　**カジュアル表現を用いている点が不適切**です。また、**自社の人間のスケジュールをまったく把握していないことを、そのまま社外の人に伝えている点が不適切**です。わからない場合も「少々お待ちください。」などと断ってから、他の社員に尋ねるなどして、**相手に誠意を示すべき**です。先方は、わざわざ時間と手間をかけて電話をしてきているのですから、「わかりません。」の一言で済ませるのは失礼です。どうしても戻る時間がわからなければ、「申し訳ございません。戻り次第こちらからお電話差し上げます。」など、相手に対する配慮が必要です。

　「少々お待ちください。（保留音）お待たせいたしました。申し訳ございません。しばらくかかりそうですので、戻り次第こちらからお電話を差し上げます。」

⑤　**不適切な点は4つ**あります。1点目は、**どのような用件でお電話いただいたのかを確認**できていない点です。伊藤さんに伝言するにしても、これでは要点をメモすることができません。2点目は、**お電話いただいたことに対する感謝の言葉を述べていない**点が不適切。3点目は、**電話を受けた自分の名前をもう一度伝えていない**点です。誰が電話を受けたかを明確に伝えるのはビジネスの基本です。4点目は、かけてきた**長島さんが先に切るのを待ってから電話を切っていない**点です。

　⑤の修正例は、以下のようになります。

　「長島様、失礼ですが本日はどういったご用件でしょうか…。○△□の件でございますね。では伊藤にその旨を伝え、戻り次第こちらからお電話を差し上げます。本日はお電話をありがとうございました。営業部の小林が承りました。」（相手が電話を切るのを待って、その後で静かに受話器をおく。）

いかがでしょうか。【例題6】と【例題7】を通じて、**基本的な電話の応答方法（マナー・言葉遣い・敬語など）** を学習できましたか。次節では、ここで学んだことをさらに実践的に練習するために、**電話内容のメモの取り方** を学びます。電話の応答方法がしっかりとマスターできていれば、メモを正しく取って、伝言することが可能になります。

5.3　伝言メモの取り方を知る

　新入社員の電話応答のミスの中でも、**伝言メモが正しく取れないこと** は致命的なものです。職場に意味のない電話はかかってきません。先方がわざわざ電話をしてきた場合、それは何らかの **重要な用件を伝えるもの** である可能性が高いのです。「うっかり聞き落としました。」「忘れてしまいました。」では済まされない、**契約や取引に必要な重要な情報** を聞き落としたことになります。その点をしっかりと理解して、**伝言メモの取り方** を学んでください。

　電話対応を正しく行うことは、社内の各部署の役割や社員の担当割、取引先、案件の進捗状況までを正確に把握することにつながります。新入社員のうちはわからないことも多くて不安になると思いますが、自分で勝手に判断せず、かならず先輩や上司に確認しましょう。大切なのは、電話を受けたら **かならずメモを取ることを習慣** づけることです。電話器のそばに筆記用具とメモ用紙を常備しておきましょう。重要な内容については、**相手の言葉を復唱** しながらメモを取るとよいでしょう。わからないときや聞き落としたときは、わかったふりをせず、**しっかりと聞き直すことも大切** です。

　では、**伝言メモの正しい取り方** を確認します。
1. 電話を受けて名指し人が不在の場合は、かならず **伝言メモを残します**。
2. メモには、**電話のあった日時**（○月○日○時○分）をかならず記載します。
3. **誰から誰への電話であったかを記載します。先方の所属・役職・氏名** もわかる範囲で記載します。先方が名乗らない場合は、こちらから確認します。
   　例　総務課の長島課長あて
   　　　柏の森工業株式会社 営業部第二営業課 伊藤進様から
4. 先方の **用件** は何であったかを、**簡潔** に記載します。
5. 電話を **受けた人**（メモの作成者/自分の名）も記載します。不在であった名指し人が、電話の内容や伝言メモの内容をより詳しく聞きたいと思ったときに、誰に聞けばよいのかを明確にしておきます。メモをした時刻も書き添えるとなおよいでしょう。

　伝言メモの取り方を、【例題8】で確かめます。テキストを閉じて、巻末の（用紙19）を取り出してください。

　準備は大丈夫ですか。まず耳から聞いて、どの程度メモできるのか、挑戦してみましょう。今から【例題8】を読み上げます。よく聞いて（用紙19）に解答してください。

【例題8】

　つぎの**電話による会話文**を聞き、山下さんになったつもりで、**伝言メモ**を残してください。日付・時刻は、現在のものを用いてください。巻末の（用紙19）を使用します。

　近藤：（○：○○分頃、電話をかける）。

　山下：はい、株式会社ホソエデンキ、営業二課の山下です。

　近藤：わたくし、柏の森工業株式会社、総務課の近藤武と申します。

　山下：いつもお世話になっております。

　近藤：こちらこそ。恐れ入りますが、課長の長島様はいらっしゃいますか。

　山下：申し訳ございません。ただ今、長島は席をはずしておりまして…。

　近藤：何時ごろでしたら、お戻りでしょうか。

　山下：11時には戻ると思いますので、戻り次第こちらからお電話をいたしましょうか。

　近藤：すみません。ではお願いいたします。柏の森工業株式会社総務課の近藤が、先日のノート型パソコンのお見積りの件でお電話いたしましたとお伝えください。

　山下：はい。では、長島に申し伝えます。柏の森工業株式会社の総務課の近藤たけし様ですね。失礼ですが、お名前の「たけし」はどのように漢字でお書きすればよいでしょうか。

　近藤：申し遅れました。「たけし」は「武士の武」と書いて、「たけし」と読みます。

　山下：かしこまりました。では、柏の森工業株式会社の総務課の近藤武様、ご用件は、わたくし、営業二課の山下が承りました。

　近藤：ありがとうございます、山下様ですね。では、よろしくお願いいたします。
　　　　（電話を切る）。

　テキストを開いてください。いかがでしょうか。正しく**伝言メモ**を取ることができましたか。聞き落としたところがないか、上の会話を読んで確認しましょう。**伝言メモの取り方のポイント**を押さえておけば、難しい問題ではありませんね。章末（P.48）の**【解答例】**で、答え合わせをしてみます。

　「こんなの、簡単だよ」と思ったみなさん。**【例題8】**は、「今から伝言メモを取る練習をします」という予告があったうえで、それを実践したものです。しかも**【例題8】**では、自分が電話で会話しているのではなく、それを横で聞いている状況ですね。

　実際の電話では、自身が会話をしているということもあり、**会話はあっと言う間に流れていきます**。慣れない敬語に気をつけて話をすると、要点を聞き渡らさずにメモを取るのは、意外と難しいものです。それに備えて、さらに練習を重ねておきましょう。

　では、ここで**再びテキストを閉じてください**。**伝言メモを取る**ことの大切さを理解して、実践練習を行います。テキストを閉じたら、巻末の（用紙20）・（用紙21）を用意してください。

5.4　伝言メモの取り方を実践する

　この節では、文字で書かれた情報を見ないで伝言メモを取る実践練習を、くりかえし行います。つぎにあげる【チャレンジ8】、【チャレンジ9】に挑戦してみてください。

【チャレンジ8】

　つぎの**電話による会話文**を聞いて、伊藤さんになったつもりで、**伝言メモ**を取ってください。日付・時刻は、現在のものを用いてください。巻末の（用紙20）を使用します。

平野：（電話をかける）。

伊藤：はい、国立公文図書館、総合受付の伊藤です。

平野：突然のお電話で申し訳ありません。わたくし、飯塚大学社会文化学部4年の平野航一と申します。そちらの鈴木様にお取りつぎいただきたいのですが…。

伊藤：鈴木、でございますか…。恐れ入りますが、どちらの鈴木でしょうか。

平野：失礼しました。資料部の鈴木浩司様です。

伊藤：資料部の鈴木浩司でございますね。おつなぎいたしますので、少々お待ちください。……（保留音）………。
　　　お待たせして申し訳ございません。ただ今、鈴木はあいにく席をはずしております。1時間ほどで戻ると思いますが…。

平野：そうですか…。

伊藤：戻り次第、こちらからお電話差し上げるように申し伝えましょうか。

平野：いいえ、後でかけ直させていただきますので、恐れ入りますが、電話があったことをお伝えくださいませんか。

伊藤：平野様、失礼ですが、ご用件はどういったものでしょうか。

平野：卒業論文の作成の件で、貴館がお持ちの資料を拝見させていただきたく、そのお願いのお電話を差し上げております。

伊藤：わかりました。資料の閲覧をご希望でございますね。恐れ入りますが、もう一度、平野様のご所属とお名前をお願いいたします。

平野：飯塚大学社会文化学部4年の平野航一です。平野は「へいや」と書きます。航一は、船で航海するの「航」と、漢数字の一、二、三の「一」です。

伊藤：ありがとうございます。では、わたくし、総合受付の伊藤が承りました。

平野：はい。よろしくお願いいたします。失礼します。
　　　（電話を切る）。

【チャレンジ 9】

　つぎの**電話による会話文**を聞いて、内田さんになったつもりで、**伝言メモ**を取ってください。日付・時刻は、現在のものを用いてください。巻末の（用紙 21）を使用します。

橋本：（電話をかける）。

内田：はい、株式会社ミナミ工業、営業一課の内田です。

橋本：わたくし、理工商事の橋本と申しますが、営業一課の梅田課長はいらっしゃいますか。

内田：いつもお世話になっております。営業一課課長の梅田でございますね。おつなぎいたしますので、少々お待ちください。
　　　………（保留音）………
　　　お待たせいたしました。大変申し訳ございませんが、確認いたしましたところ、梅田はただ今、外回りに出ておりまして不在です。夕刻には戻る予定でおりますが…。

橋本：そうですか…。先日お送りいただきました書類の件で、至急お話し申し上げたいことがあるのですが…。

内田：当方から連絡を取りまして、至急、そちらにお電話を差し上げるようにいたします。

橋本：ありがとうございます。助かります。では、私の携帯の方に連絡をしてもらえますか。番号は、090 － ＊＊＊＊ － ＊＊＊＊ です。

内田：復唱させていただきます。090 － ＊＊＊＊ － ＊＊＊＊ で、ございますね。恐れ入りますが、橋本様のご所属をもう一度お願いできますでしょうか。

橋本：はい。理工商事の総務課、橋本遼太郎です。

内田：すみません。橋本様は、どのようにお書きするのでしょうか。

橋本：失礼しました。橋本は、ブリッジの橋に、ブックの本と書きます。

内田：ありがとうございます。では、至急、梅田に連絡をいたしまして、折り返しお電話を差し上げるようにいたします。わたくし、営業一課の内田が承りました。

橋本：ありがとうございます。営業一課の内田様ですね。ではよろしくお願いします。
　　　（電話を切る）。

　いかがですか。誰しも相手の名前や所属などは、電話で一度聞いただけでは、なかなか覚えられません。そのようなときは、遠慮せず、**もう一度はっきりと聞き直します**。わかったふりをしてミスを犯すよりも、「**わからないので教えていただきたい**」という姿勢を示す方が、誠実で謙虚な印象を相手に与えます。同じように、**電話番号**など聞き洩らしやすい情報は、かならず**メモを取りながら、復唱**します。

　また**用件**は、相手にとっては当たり前のことなので、電話応答ではさらりと流れてしまうことが多いですが、**伝言メモの中では重要ポイント**ですから、こちらもしっかりと聞かなくてはなりません。

　章末の解答例（P.48）を見て、どのくらいできたかを確認してください。聞き落してしまった内容が何だったのかを確かめながら、**同じ失敗をくりかえさないように**練習します。

　最後に、ここまで学習したビジネスシーンでの**電話の応答方法**（マナー・言葉遣い・敬語など）と**伝言メモの取り方**のポイントについて、改めてまとめておきます。

---

(1)　電話を受ける・かけるときには、**相手から聞かれる前に、自分の所属と名前をはっきり名乗りましょう。**

(2)　先方が誰かわかったら、「**いつもお世話になっております。**」などの挨拶を述べます。

(3)　**相手に対しては「尊敬語」を用い、自社の人間には「謙譲語」を使います。**

(4)　名指し人が不在の場合は、**伝言メモを残す**ために、電話があった**日時、相手の所属・名前、用件**を確認します。聞き洩らしたときは、わかったふりをせずに**聞き直して**ください。

(5)　**電話番号**など、聞き洩らしやすい情報は、かならず**復唱**します。

(6)　**最後に、誰が電話を受けたのかがわかるように、自分の所属・名前**をもう一度、相手に伝えます。

(7)　原則、**かけた側から、先に受話器を静かにおきます。**受けた側は、その**音を確かめた後**に、静かに受話器をおきます。

　この一連の流れがスムーズにできるようになれば、社会人として一人前になったと言えます。本章での学習は、そのための導入に過ぎません。ぜひ、しっかりとマスターして役立ててください。

いつもお世話になります

【例題 8 解答例】

> 営業二課 長島課長（あて）
>
> 1. ○月○日（○）、○時○○分ごろ
> 2. 柏の森工業株式会社の総務課の近藤武様より、お電話あり。
> 3. 先日のノート型パソコンのお見積りの件で。
> 4. 11 時頃、課長がお戻りになるとお伝えしています。
> 5. お戻りになり次第、折り返しお電話いただきたいそうです。
>
> 　　　　　　　　　　　　　　　○月○日（○）、○時○○分　営業二課 山下

【チャレンジ 8】「解答例」

> 資料部 鈴木 浩司 殿（あて）
>
> 1. ○月○日（○）、○○時○○分ごろ
> 2. 飯塚大学社会文化学部 4 年の平野航一様より、お電話あり。
> 3. 卒業論文の作成で、本館所蔵の資料を閲覧したいとのこと。
> 4. 1 時間後、鈴木殿がお戻りになるとお伝えしています。
> 5. お戻りになった頃に、再度、平野様からお電話をくださるとのことです。
>
> 　　　　　　　　　　　　　　　○月○日（○）、○時○○分　総合受付 伊藤

【チャレンジ 9】「解答例」

> 営業一課 梅田課長（あて）
>
> 1. ○月○日（○）、○○時○○分ごろ
> 2. 理工商事の総務課 橋本様より、お電話がありました。
> 3. 先日お送りした書類の件で、至急お話ししたいことがあるとのこと。
> 4. 橋本様の携帯電話の番号をうかがっております。
>   090 － ＊＊＊＊ － ＊＊＊＊ です。
> 5. 至急、上記番号までご連絡を差し上げてください。
>
> 　　　　　　　　　　　　　　　○月○日（○）、○時○○分　営業一課 内田

（【チャレンジ 9】の場合は、この伝言メモを残すだけでなく、すみやかに梅田課長に連絡をとって、先方にお電話差し上げてくださるよう伝えることも大切です。）

コラム8　クレーム電話の対処法を知っていますか？

　ビジネス電話の応答だけでも大変なのに、そこにクレーム電話がかかって来たら！みなさんはどう対応しますか。逃げ出したくなる気持ちはよくわかりますが、逃げていては仕事になりません。どのようなビジネスにも、問題や苦情はつきものです。**クレーム対応のマニュアルが整った会社も多い**ので、まずはそれを守ることが大切です。このコラムでは、たまたま取った電話がクレーム電話だったときにどうすればよいのか、最低限必要な対処法を解説します。

クレーム電話の対処法1　電話をかける手間を取らせたことに謝罪を！

　クレーム電話は、何らかの理由で**相手が気分を害してその苦情を述べる**ためにかけてくるものです。このとき注意したいのは、**根拠もなくむやみに謝るのはNG**。相手の言い分を全面的に認めることになり、理不尽な要求をされることにもなりかねません。そうはいっても、**かたくなに相手の言い分を否定して謝罪を拒むのもNG**。かえって問題をこじらせてしまいます。

　そこで、まずは相手を不愉快にさせてしまったことに対して、誠意をこめて、丁重に謝罪の言葉を述べてください。その際、「**お客様、この度は大変不愉快な思いをおかけして、誠に申し訳ございません。**」など、**何に対する謝罪なのかを明確**にしてください。

クレーム電話の対処法2　冷静に原因究明をする

　クレーム電話を受けた際にもっとも大切なことは、決して「**感情的にならないこと**」です。相手の話を丁寧に聞き、クレーム内容・問題の原因や状況を1つ1つ**正確に聞き出す**ことが必要です。時間はかかるかもしれませんが、時間が経つほど相手も冷静になってくるものです。丁重に相手の言葉を**復唱しながら確認する**のもよい方法です。

　相手がどうしても感情的に理不尽な要求をする場合は、「**このお電話はサービス向上のために録音させていただいております。**」の一言を付け加えることもできます。

クレーム電話の対処法3　できることとできないことを明らかにして、迅速に対応する

　クレーム内容がはっきりしたら、**上司や先輩と相談**しながら問題を解決する方法を考え、**自社が対応できることとできないこと**を整理します。独断で回答することは避けて、かならず周囲にアドヴァイスを求めてください。

　問題点がその場ですぐに対応できる内容の場合は、**すぐに実行**に移しましょう。失った信頼を回復する絶好の機会です。万一、時間がかかる場合は、それを**きちんと説明して了解**を求めましょう。最後は「**何かございましたら、いつでもご連絡ください。お電話ありがとうございました。**」と締めくくります。

　いかがですか。クレーム対応の基本は、**誠意をもって相手の話をしっかりと聞く**ことです。電話に出たくないからと保留にしたまま長時間待たせることや、相手の話を一方的にさえぎったり、無言になったりすることは決してしないでください。自分の手に余ると感じたときは、早めに上司や先輩に助けを求めることも大切です。

第6章
インパクトのあるエントリーシート

6.1　インパクトのあるエントリーシート

　本書のこれまでの学習を通じて、みなさんの**ビジネスシーンにおける日本語力**は格段にアップしています。あとはその力をブラッシュアップして、「**できる社会人**」になるための**努力を継続**する必要があります。本章では、そのための第一関門である**就職活動**に焦点を当てて、そこで用いる日本語について学習しましょう。

　「就職活動（以下、就活）など、自分にはまだまだ先の話…」と思っている人もいるかもしれません。しかし、就職指導の教職員や先輩から、「就活を4年生になってから始めたのでは、すでに手遅れだ」という話を、みなさんも一度は聞いたことがあるはずです。

　就活までの大まかな流れを確認してみましょう。一般的に、3年生の5・6月頃には、次年度の就活を見据えて**インターンシップ（体験就業）**の説明会が始まり、夏休みを利用してインターンシップを受ける学生が増えます。なかにはそれ以前にインターンシップを募集する企業もあります。この**インターンシップ（体験就業）**の応募段階で、就活はすでに始まっています。3年の秋には、**就活サイトや企業のホームページにエントリー**して、**就活のための自己分析**を行います。冬には、実際に**エントリーシート（採用人事に用いる履歴書）を提出**して、早いところでは3月には筆記試験を受け、面接を経て、4年生になる前に実質的な「内々定」をもらう学生も出てきます。

　つまり、来年の今頃は、すでに就活が始まっているのです。「自分はまだ大丈夫」とのんびり構えていると、あっという間に就活の波に乗り遅れて慌てることになります。

　インターンシップ（体験就業）に申し込む際にも、実際の就職試験を受ける場合にも、まず提出しなければならないのが、**エントリーシート（志望動機・履歴書）**です。最近では、企業が定めた形式がウェブサイトに置かれていて、それをダウンロードして用いることが多いです。ネット上でその形式に直接記入して、そのままエントリーをさせる企業も増えています。

　「文章を書くのが苦手だから」「何を書いたらよいのかわからない」などと言っている場合ではありません。人気のある就職先は、早くから大勢の学生のエントリーが見込まれます。何百、何千、何万の中から、あなたの書いた**エントリーシート（志望動機・履歴書）**を選んでもらうためには、**事前の入念な準備**が必要です。ありきたりではない**キラリと光る個性**を大切にして、**インパクトのあるエントリーシート（志望動機・履歴書）**にしなくてはなりません。この章では、そ

のための手順を紹介したいと思います。

6.2　自己分析の目的とコツ

　就活を成功させるための、最重要ポイントは**自己分析の成否**にあります。早々に「内々定」を
もらう学生と、熱心に活動しながらなかなか就職先が決まらない学生との差は、**自己分析をしっ
かりと行ったか否か**にかかっていると言ってもよいでしょう。

　「まさか、そんなことが…」と思ったみなさん、これは本当のことです。なぜなら、**自己分が
できていない学生**は、自分が本当はどのような職種・企業を受けたいのかがわかっていない学生
だからです。就活を成功させるカギは、**自分と会社のマッチング（matching）**にあるのです。

　どれほど一流企業でも、どれほど評判のよい会社でも、自分の個性や資質にあわない会社では
内定を取ることはできません。仮に就職しても、自分にあわない職場でずっと働き続けることは
困難です。このことを理解せずに就活を行えば、苦労して就職した先を短い期間で辞めることに
なります。

　自分に合った職種・企業を見つけるためには、しっかりとした**自己分析を行うことが不可欠**な
のです。

　自己分析には、もう１つ大切な意義があります。それは就活でかならず問われる**自己PRの内
容を探す**ことです。何百、何千、何万のエントリーシートの中から、あなたを選んでもらうため
には、**他の人にはない自分の個性をアピール**しなければなりません。これは面接でも同じです。
多数の受験者の中で、人事担当者に注目してもらうには、**自分の個性と資質**の中から**その企業で
働くうえで適した点**を取り出して、アピールすることになります。そのためには、「自分がどのよ
うな人間なのか」「これまでどのような**体験**をしてきたのか」「周囲の人から**どのように思われて
いるのか**」を、**自分の言葉で語れ**なくてはなりません。

　就活で失敗する多くの学生は、いくつかの就活ガイドブックに載っているありきたりの内容を
つぎはぎし、それに脚色を加えてエントリーシートを作成しています。一見、それなりにまと
まっているように見えますが、実体験に基づかない**表面的な自己分析**は、百戦錬磨の人事担当者
にはすぐに見破られてしまいます。エントリーシートを適当に書いて合格できるほど、就活は甘
くはありません。

　では、**しっかりとした自己分析を行うコツ**は、どこにあるのでしょうか。つぎの**【応用5】**、
【応用6】、**【応用7】**を順番に解きながら、考えてみます。

　まずはこれまで自分がどのようなことを**体験**してきたかに向き合ってみましょう。

【応用5】

　5年前から現在に至るまで、それぞれの年にどのようなことをしてきたか**30字程度**で、各項目を**説明**してください。単語のみの羅列・空欄は認めません。巻末の（用紙22）を使用します。

○年前	学年	その年に自分が行ったこと		
		学業（含 留学）	部活動など	社会活動（含 インターンシップ）
5年前				
4年前				
3年前				
2年前				
1年前				
現在				

　いかがでしょうか。わずか**30字程度**では、書きたいことが多くて入り切らない人がいるかもしれませんね。その一方で、何も書くことが思いつかないという人はいませんか。**自己分析**を行うためには、自分がこれまでの人生でどのようなことを**体験**してきたかを、**自覚**する必要があります。難しく考え過ぎずに少しずつ思い出しながら作成してみます。

　たとえば、大学入試に合格したことや、クラブ活動・ボランティア活動などで表彰されたこと、資格試験に合格したことなど、**成功体験**はかならず書き出してください。また、「優勝はできなかったが、バスケット部の活動に熱心に取り組んだ。」「初めてボランティア活動を行った。」などの**苦労した・努力した体験**も大切です。とくに、何かの**失敗を糧に成長した体験**がある人は、ぜひ書き出してください。

　それぞれの**体験**を振り返って、そのときにあなたが、「どのようなことを感じた／学んだ」のか、「こう考えた。」などの**気持ち**も書き添えてください。そうすることで、**自己PR文**を作成しやすくなります。

オッケー!!

【応用 5】では、過去から現在までどのようなことを**体験**してきたかを振り返りました。つぎに、（用紙 22）でまとめた表を使って、【応用 6】に挑戦します。

【応用 6】

（用紙 22）でまとめた表の中から、つぎの 1.〜3.の内容に該当するものを探し出して、そのときの状況を、それぞれ **200 字程度**でまとめてみましょう。同じ内容は、1 回しか使用できません。巻末の（用紙 23）・（用紙 24）を使用します。

    1. 努力したこと   **2. 失敗を糧に成長したこと**   **3. 自分が誇れること**

いくつかの体験を**文章にまとめる**ことで、そのときの自分が何を考えて行動していたのかが明白になってきます。【応用 6】は、体験をまとめながら、その**体験が持つ意味**を確認する作業を行います。これを通じて、今まで無意識に行っていたことも、自分の中で意味を持つものであることが**自覚**されます。「自分にはこんなよいところがあった。」「私って意外とすごいかも…。」そう思える部分を見つけ出してください。

最後に、【応用 6】で書いた文章をもとに、【応用 7】に挑戦します。

【応用 7】

（用紙 23）・（用紙 24）でまとめた文章をもとに、そこから浮かび上がる**自分の長所と短所**を表す言葉をそれぞれ 3 つずつあげてください。（用紙 24）の下の解答欄に、書き込んでください。

就活では、「自分」というものを、相手に**いかに理解してもらえるかが重要**になります。そのために自分の長所・短所を分析します。こういうと他人と自分を比較しがちになるかもしれませんが、最も大切なことは**自分の個性と資質**を客観的に理解・分析し、それを**正確に相手に伝える**ということです。

たとえば、「責任感が強い人」は、与えられた業務が困難なものでも決してあきらめず、最後までやり遂げようとするでしょう。また、「好奇心が強い人」は、既存のものに飽き足らずに新しいものに挑戦する意欲のある人材です。人それぞれ個性は異なりますが、いずれも企業にとっては必要な人材です。企業側も複数の新入社員を採用する過程で、**多様性のある人材**を求めます。その**企業が求める人材**と、**みなさんが持つ個性や資質がマッチした**とき、初めて就職が決まり、入社後もその個性や資質を活かして活躍できる社会人になれるのです。

いかがでしょうか。**自己分析の大切さ**と、分析のコツが少しわかってきましたか。「いくら考えても、ありきたりのものしか思いつかない。」「よいところを見つけるはずなのに、自分に自信が持てなくなってきた。」というときは、**第三者の声を聞いてみましょう**。友人、家族、指導教員など、第三者から見た客観的な意見や評価がきっと役立つでしょう。自分でも気づかなかった視点で答えてくれる可能性があります。また、お互いに「**他己分析**」を友達とし合うのもよいでしょう。客観的な指摘をもらえて刺激になります。

「もらった指摘が、どれも否定的なものだった。」という人は、それを**ポジティブに変換**してみてください。たとえば、あなたが「頭が固く頑固な人」と言われたとします。しかしそれは、「意志が強く、芯のある人」ともいえます。あるいは、「細かいところまでうるさい人」と指摘された人は、「几帳面で細部にまで配慮できる真面目な人」ともいえます。

　このように考えると**自己分析**をすることが面白くなりますね。ぜひ、**積極的**に挑戦してみてください。

6.3　企業リサーチの大切さ

　就活にとって、**自己分析**と同様に大切なのが**企業リサーチ**です。自分の**個性や資質**にマッチした職場を見つけるためには、そのための**企業リサーチ**が欠かせません。

　「一級建築士の資格を取って設計事務所で働きたい。」「薬品開発に携われる製薬会社に勤めたい。」「学んだ経営理論を活かして経営コンサルタントになりたい。」「公務員試験に合格して、絶対に公務員になりたい。」など、将来の夢が明確にある人は、関連する**企業・官公庁のホームページ**を確認することから始めます。まだ、何をやったらいいのかわからないという人は、手始めに**企業の合同説明会**に行くことをお勧めします。幅広い業種の中から、**自分が興味を持てる分野を模索する**ためです。

　このとき、決してしてはいけないことは、「どんな業種でもいいから、有名企業に入りたい。」「大きい会社に入れば親も喜ぶし、友達にも自慢できる。」という発想です。仕事の中身に興味を持てない業界に、本気で挑戦するのはムリです。多くの受験生を見ている人事担当者は、「名前だけでうちを志望した学生」をすぐに見抜きます。手当たり次第に受けたいくつかの有名企業に落ち、その結果、自信をなくし、就活自体ができなくなるケースをよく見かけます。そのようなことにならないためにも、**自分が興味を持てる分野**や、自分の**個性や資質を活かせる職種**をリサーチして絞り込みます。みんなが知っている有名企業ではなく、**自分にマッチした**「隠れた一流企業」を見つけることも大切です。

　興味のある業種が絞り込めたら、関連**企業・官公庁のホームページ**を確認します。ここではおもに、企業のケースを例にとってお話しします。その際に注意して見てほしい項目があります。

1. 企業理念

　その企業の**経営理念が明記**されています。その理念がどのように実現されているのかを、しっかりと理解してください。**同業種の複数の企業を志望**する場合、この**企業理念の違いは大きな意味**を持ってきます。志望動機を書く際には、これを参考にして記載します。また**面接**でも、それを問われることが多々あります。

2. 職種・業務内容

　その企業がどのような方針で、どのような仕事をしているのかがわかります。それが**自分の専門や資質**と**マッチ**したものであるのかを確認します。また、その企業が**今後どのような方向に発展して行こうとしているのか（方向性）**も大切です。たとえば現状では、その企業は国内のみの営業活動をしているとします。あなたの希望は国際的に活躍できる仕事であり、そのために英語・中国語の修得に力を入れています。仮にその企業がホームページで「今後、アジアへの進出を考えている」と記載しているのであれば、あなた自身がその進出を実現させる人材になれるかもしれません。

3. 待遇

　給料や休暇、福利厚生条件などについては、ホームページ上に記載されています。働き甲斐を追求することは大切ですが、そればかりで身体を壊しては何にもなりません。**給料や休暇、福利厚生条件**も、事前にホームページでしっかりと確認します。ただし、面接などで最初から給料や休暇についてこだわる姿勢を見せるのは、面接担当者への印象が悪くなる可能性がありますので注意しましょう。

4. 求める人材・採用実績

　モノ・人・カネの国際的流動化が進む現代では、与えられた仕事を行うだけでなく、組織の目標を達成するために何をやるべきか、困難な課題をどう克服するか、それらを自ら考え実行できる「積極性」が、多くの組織で求められています。また、社会や技術が変化するスピードはこの数十年で一層早くなり、その変化に柔軟かつ迅速に対応する必要性がより高まりました。そのため、行動と思考の「柔軟性」も求められます。さらに、経済のグローバル化に対応して思考や行動を外に向けることができる「外向性」も重要性が増しています。同時に、企業や官庁が求める人材像は、職種によって異なります。サービス業や事務職では「配慮・サービス性」も求められます。金融の専門職では「緻密性」や「機敏性」も重視されるでしょう。「語学力」が必須になる職種も増えています。

　求められる年齢層や性別は、現実には職場や職種で多種多様です。今後は外国の方と同じ職場で働く環境も増えるでしょう。将来、社会がどう変化していくかという方向性を予測し、企業の採用実績の中身や組織の年齢構成を客観的に分析すると、その企業が求める人材像の「本音と実態」が透けて見えるはずです。近年の国際経済と労働市場の変化は非常に流動的になっているので、その変化に対応する力と冷静な目が必要になります。

　上記のような項目は、**企業・官公庁のホームページを確認**するときのポイントであるだけでなく、**会社説明会や面接で質問をする**際にも大切になってきます。ホームページを見たときに気になったことはメモをして、担当者や面接官に質問しましょう。事前の**企業リサーチ**を十分に行ったうえで面接に臨んでいることがわかり、あなたの熱意が伝わります。

ではここで、会社説明会や面接で質問をする際に、どのようなことに気をつけたらよいのかを確認しておきましょう。

【チャレンジ10】

　つぎの (1)〜(8) のうち、**会社説明会で質問しない方がよいもの**はどれでしょうか。質問しない方がよいものには×を、質問してもよい（質問した方がよい）ものには○をつけてください。解答は、巻末の（用紙25）を使用します。

(1)　「仕事の中で、やりがいを感じるのはどのようなことでしょうか。」

(2)　「御社で、女性の管理職の方は、何名ほどいらっしゃいますか。」

(3)　「初任給はいくらほどでしょうか。」

(4)　「私は○○県の出身ですが、御社は○○県には支店がございますか。」

(5)　「御社では、配属先をどのような方法で決めていらっしゃいますか。」

(6)　「入社試験では、どのような問題が出題されますか。」

(7)　「福利厚生施設は、どの程度充実していますか。」

(8)　「御社のホームページに『アジアへの進出を予定している』とありましたが、どの地域でどのようなことを計画なさっていますか。」

会社説明会や面接で質問をする際に注意しておきたいのは、以下の点です。

1.　その企業のホームページを見て確認できることは、基本的に質問しません。**企業リサーチ**が不足していることを露呈してしまうような質問は避けます。

2.　給料や福利厚生面ばかりを気にしているように受け取られることは、質問しません。印象が悪くなる可能性があります。あなたが面接官であったなら、どう感じるかを考えてみましょう。

3.　**面接や試験の内容**を聞くような質問はしません。面接内容に関しては、親切に教えてくれる企業もあります。しかし、その解答をそのまま面接で答えた場合、「自分で考えようとしない学生だ。」と思われてしまいます。**あなた自身の考えを、あなた自身の言葉で答えなければ意味はありません。**

いかがでしょうか、**企業リサーチ**の大切さが少し見えてきたでしょうか。関連**企業・官公庁のホームページ**を確認するだけでは不安だという人は、面接などを受ける前に、関連**企業・官公庁に勤めているOB・OG**の話を聞くのもお勧めです。大学の**就職支援課**を訪れれば、職員が親身になって相談に乗ってくれます。また、就職支援課では、**模擬面接**の練習や**エントリーシートの作成指導**も行っています。面接やエントリーシートを作成するときには、ぜひこれらも活用してください。

6.4　「履歴書」の書き方

　自己分析と**企業リサーチ**をしっかりと行って、受けたい企業が固まってきたら、応募するための「履歴書」を書きます。「履歴書」は、提出先の**企業・官公庁**によって書式が決まっていること

が多いので、かならず事前に確認をします。ここでは、どのような書式であっても共通の、基本的な注意事項を説明します。

1. **ペンは黒を使用**して、丁寧に**手書き**をします。

　　最近ではウェブ上で入力してそのまま送信するケースも増えていますが、一般的に「履歴書」は手書きするのが常識です。欄外に「黒または青のペンで」と記載されている場合もありますが、**黒のペン**の方が無難でしょう。ミスを防ぐために一度鉛筆で薄く下書きをすることはありますが、間違っても鉛筆書きのままでは提出しません。最近は、手書きすること自体が少なくなっていますので、ペンで書く際には、インクがにじまないよう、乾ききる前に触らないよう、細心の注意を払ってください。

　　また、「字が下手だから」という人も、人事担当者は字が下手かどうかよりも「丁寧に書いてあるか」をしっかりと見ています。あなたの書いた文字には、あなたの人柄が出ます。**読みやすさに配慮して、丁寧に書く**ことを心がけてください。

2. **正式名称**を用います。(**省略**はしません。)

　　名前や住所は、戸籍や住民票で使用されている**正式な漢字や地名**を記載します。前の記載と同じ内容である場合も、「々」や「ヾ」などを用いた**省略**をしてはいけません。当然ながら、略字(「向」、「オ」など)は使用しません。

　　たとえば「現住所」と「連絡先」が同じ場合は、「現住所に同じ」などのように記載します。「賞罰」など、自分に関係のない欄がある場合は、「なし」と書きます。ただし、注意事項に「該当しない場合は空欄のままでよい」などの記載がある場合は、空欄で構いません。

　　省略せずに書こうとすると、「履歴書」の欄内に書ききれない場合も出てきます。その場合は、**「先方が知りたい情報は何か」**を第一に考え、その情報を優先的に記載します。1つの項目が長くて、1行では見づらくなるようなときは、臨機応変に2行にわたって記載しても構いません。1.でも述べましたが、**見やすく記載する**ことが一番大切です。

3. **すべての欄を埋め**ます。

　　「履歴書」は、**あなた自身をアピールするもの**です。1行たりとも無駄にできません。2.で述べたように「空欄のままでよい」などの記載がある場合以外は、かならず**すべての欄を埋め**ます。「趣味・特技」や「長所・短所」などは、「**自己 PR**」と合わせて自分を売り込む絶好の欄です。ぜひ活用してください。たとえば、「専攻科目」の欄が少し大きめである場合、「経済学」や「法律学」とだけ記載するのではなく、「環境経済学(とくに、ゴミ問題と企業の CSR 活動)」や「法律学(とくに、アメリカと日本の行政法の比較)」のように**具体的な内容**を書いておくと、より効果的です。

　では、このような注意事項を守って、実際に「**履歴書**」を書いてみましょう。**黒のペン**を用意してください。

【チャレンジ 11】

　巻末の（用紙 26）・（用紙 27）を使用して、以下の条件 1〜5 を守って「**履歴書**」を作成します。

条件 1	「氏名」「生年月日」「年齢」「男女」には、自分自身のものを記載します。
条件 2	「現住所」「連絡先」「電話番号」には、以下のものを記載してください。 　〒100−2345　東京都百代田区永山町1−20−3 　電話番号　012−345−6789
条件 3	「学歴」は中学校卒業以降を記載します。「職歴」は「なし」です。
条件 4	「免許・資格」には、自分が持っている免許や資格を記載します。
条件 5	「長所・短所」には、6.2 節で学習した自己分析の結果を記入してください。

【履歴書作成時の注意事項】　P.59 の「履歴書」の記載例を参照してください。

① 　印鑑：**スタンプ型印鑑**（シャチハタなど）は**不可**です（**今回は、押印不要**です）。

② 　日付：**元号か西暦で統一**します。欄外の日付は、**指定がなければ投函する日**にします。

③ 　写真：**既定のサイズを厳守**します。裏に大学名（学部）、名前を書いてから貼り付けます。
　　　　　これは万が一写真が剥がれたときの対策として必要です（**今回は、写真不要**です）。

④ 　ふりがな：「**ふりがな**」とひらがなで書かれていたときは、**ひらがなで表記**します。「**フリガナ**」
　　　　　とカタカナで書かれていたときは、**カタカナで表記**します。

⑤ 　住所：都道府県から記載します。**丁目、番、号**を使います（今回は、1 丁目 20 番 3 号）。

⑥ 　連絡先：「**同上**」で OK です。連絡先などに、**パソコンのアドレスの記載欄がある場合**は、
　　　　　必ず記載してください（**今回は、不要**です）。

⑦ 　学歴・職歴：**分けて記載**します。1 行目を使って**中央に「学歴」**と記載し、次の行から学
　　　　　歴を書きます。学歴を書き終わったら、**1 行空けて**次の行の**中央に「職歴」**と
　　　　　記載し、職歴を書きます。

⑧ 　とくに指定がない場合、**学歴は中学校卒業から記載**します。名称は**正式名**を用います。
　　　　×高校 → ○高等学校

⑨ 　**在籍中の大学名**の後ろには「**卒業見込み**」も忘れずに記載します。

⑩ 　職歴がない場合は、「**なし**」と記載します。**原則、アルバイトは職歴になりません**。

⑪ 　書き終えたら、右下に「**以上**」を忘れずに。

⑫ 　免許・資格：これまでに取得した資格・検定の合格などを**正式名称で記載**します。通称は
　　　　　不可です。
　　　　例　実用英語技能検定 2 級合格　　×英検 2 級合格
　　　　　　日本語検定 3 級合格　　　　　×語検 3 級合格

⑬ 　取得年月：学歴・職歴などで用いた**元号か西暦で統一**します。

履 歴 書

令和 ○ 年 ○ 月 ○ 日現在

④ ふりがな　まつだ　えみこ
氏 名　松田　絵美子　①　※ 男・⑤

③ 写真をはる位置
写真をはる必要が
ある場合
1. 縦 36～40 mm
　 横 24～30 mm
2. 本人単身胸から上

② 平成 13 年 7 月 1 日生（満 20 歳）　※ 男・⑤

⑤ ふりがな　とうきょうと ちよだく ながたちょう　ばん ごう
現住所〒100-2345　東京都 百代田区永山町 1丁目20番 3号　電話 (0012)345-6789

⑥ 連絡先〒（現住所以外に連絡を希望する場合のみ記入）
同　上　方　電話 同　上

年	月	⑦ 学 歴・職 歴（各別にまとめて書く）
		⑦ 学 歴
平成 29	3	○○市立 △△中学校 卒業 ⑧
平成 29	4	□□□県立 ○○高等学校 入学
令和 2	3	□□□県立 ○○高等学校 卒業
令和 2	4	○○○大学 △△△学部 □□□学科 入学
令和 6	3	○○○大学 △△△学部 □□□学科 卒業見込み ⑨
		⑩ 職 歴
		な し
		以 上 ⑪

年	月	免 許・資 格
令和 2	7	実用英語技能検定 2級 合格 ⑫
令和 3	10	日本語検定 3級 合格
令和 4	5	普通自動車 第一種運転免許 取得
		以 上

⑬
年	月	学歴・職歴（各別にまとめて書く）

志望の動機、特技、好きな学科、アピールポイントなど

貴社の製品を小学生の頃から愛用しております。
そのため、貴社の製品に愛着があり、その商品開発
や営業に携わりたいと強く希望しております。
高校・大学では引退部の部長として、部員50名
をまとめる仕事をして参りました。この経験から、
周囲の人々に心配りをしながら、誠実に物事に取
り組むことができるようになりました。何事にもこつ
こつと継続して努力を致します。

職 種：商品開発・企画、または営業部門を希望致します。
勤務地：九州地区を希望致します。

通勤時間　約　時間 50 分

扶養家族数（配偶者を除く） 0 人

配偶者　　　※ 有・無
配偶者の扶養義務　　※ 有・無

本人希望記入欄（特に給料・職種・勤務時間・勤務地・その他についての希望などがあれば記入）

アピカ SY22

記入上の注意　1. 鉛筆以外の黒又は青の筆記具で記入。　2. 数字はアラビア数字で、文字はくずさず正確に書く。
3. ※印のところは、該当するものを○で囲む。

　きれいに書き上げることができましたか。**読みやすく丁寧に書こう**とすると、思った以上に時間がかかることがわかりましたね。雑に書きなぐった「**履歴書**」にならないようにするために、余裕を持って作成しておきましょう。

コラム9　面接ではこれに気をつけよう！

　このコラムでは、面接にあたって気をつけておきたいことを、順を追って説明します。

① 面接の連絡が来た時点で、面接は始まっている

　面接の連絡を受けた場合、「**出欠をどう伝えるか**」から、すでに面接は始まっていると考えてください。メールの場合、とくに「返信不要」の記載がない限り、**かならず返信**してください。返信は、早ければ早いほどよいでしょう。電話の場合、面接の日時と場所を復唱し、「ご連絡ありがとうございました。うかがいます。」など、すぐにその場で返事をしてください。事前に**自分のスケジュールを把握**しておくことも大切です。どうしても当日の予定がすぐに確認できないときは、「できるだけすみやかにご連絡を差し上げます。」と返答し、**相手のお名前とご連絡先を確認**しておきましょう。

② アクシデントに備え、当日は早めに出かける

　はじめて訪れる場所は、迷ったり間違えたりすることが多いものです。当日に限ってバスが遅れることも、焦ってしまって間違った電車に乗ってしまうこともあります。**不測の事態に備える**ためにも、**時間にはかなりの余裕を持って**出かけましょう。面接の**控室**には、**30分前**には着いておきたいものです。もし、遅刻してしまいそうな場合は、**面接時間より前に、かならず会社に連絡**を入れます。その際にすぐに連絡できるように、連絡先、担当者の名前などの情報を控えておきましょう。

③ 第一印象が大切（受付の人も、面接官）

　会社に入った瞬間から、あなたの一挙手一投足が審査されています。どなたに対しても**礼儀正しくふ**るまってください。控室では、声高に話したりせずに**静かに待ち**ましょう。言うまでもありませんが、**携帯の電源は切って**ください。他の学生が居た場合は、無視したりせずに**笑顔で軽く挨拶**してください。少し早めにトイレは済ませて、**服装の乱れ**などを直しておきます。

④ 面接は笑顔で、ハキハキと

　入室時の印象が大切です。姿勢をただし、笑顔でハキハキと挨拶してください。本テキストで学習した「お辞儀」の仕方（P.10）を守り、丁寧に「お辞儀」します。面接では、面接官の話をしっかりと聞くことが重要です。相手の**顔を見て、笑顔でうなずきながら**聞いてください。答えるときにも、**はっきりとした声で、アイコンタクトをしっかり取って**答えます。「答えがわからない」「予想外の質問がきた」と思うことがあっても、不安な表情をしたりうつむいたりしてはいけません。**ポジティブに受け止め、明るい態度で臨んで**ください。退室の際の後ろ姿も重要です。**最後まで気を抜かずに、退室**してください。

早めに出かけよう

6.5 「自己PR文」を書く

この節では、本書の締めくくりとして、**魅力的な「自己PR文」を作成するコツ**を学びましょう。

ところでみなさんは、「自己紹介文」と「自己PR文」の違いを簡潔に説明できますか。本書の第1章で学習したように、「**自己紹介文**」は、はじめて会う人たちに**自分の名前、出身校、趣味**などを「**紹介する文**」のことです。一方の「**自己PR文**」は、就活の面接時などに、「自分の**個性や資質をアピール**して、**自分の良さを知ってもらうための文章**」です。

そう考えると、「**自己PR文**」では自分を少しでもよく見せようとして、**アピールポイント**をつい過剰に書き立ててしまいがちです。しかし、あれこれ並べ立てるのは逆効果です。たとえば、「私は明るく誰にでも好かれる性格で、好奇心旺盛であり、何事にも積極的に取り組みます。」という文を読んで、みなさんはどのように感じますか。具体例もなくこれだけ長所を並べられると、一体どのような人なのか、かえって想像できなくなりませんか。

じつは「履歴書」の「自己PR」欄は、一般的に**100字～200字程度**（多くても**400字程度**）しかありません。わずかそれだけの字数で自分の**個性や資質をアピール**するには、どうしたらよいのでしょうか。対策方法として、**アピールポイントを1つに絞り込む**ことがあげられます。

では、ここで上記のコツを活かして、【**応用8**】に挑戦してみましょう。

> 【**応用8**】
> 　あなたの**長所**を1つあげ、それを**家電製品にたとえて**「**自己PR文**」を**100字以内**で作成します。その家電製品の一般的なイメージと、あなたの**個性や資質**を関連づけて記載してください。巻末の（用紙28）を使用します。

いかがでしょうか。家電製品のイメージとあなたの**個性や資質**を、上手に結びつけて書きあげることができましたか。書きあげた文章を、ぜひクラスメートと交換して読み合ってみてください。友人がどのような考えを持っているのか、この「**自己PR文**」でわかります。時間があれば、友人同士で、相手を○○にたとえる「**他己PR文**」を作成してみるのも面白いでしょう。

ところで、【**応用8**】の「**自己PR文**」はわずか**100字以内**にまとめなければなりませんから、書き方にも注意する必要があります。【**応用8**】に限らず、このように短い文章を書く際に注意すべき共通点は、(1) **結論を先に書く**こと、(2) **短い文をたたみかける**ようにすること、(3) **誤字脱字に注意**することの3点です。みなさんの「**自己PR文**」で、(1)～(3)は実践できていますか。できていなかった人は、今後文章を書くときに、ぜひ心がけてみてください。

さて、話を戻しましょう。「**自己PR文**」を作成するときに大切なことは、**アピールポイントを1つに絞り込む**ことでしたね。その際にあわせて実践したいのが、**アピールポイントを裏づける具体的な事例を盛り込む**ことです。**なぜこの個性や資質が自分の長所なのか**、その**長所はどのような状況で発揮**されるのか、**具体的なエピソードをあげて説明**することで、アピールポイントに説得力が生まれます。このようなエピソードは1つではなく、できれば複数用意しておくとな

およいでしょう。というのも、それぞれの企業には個性があります。その**企業の特性にあわせて自分の長所を強調**できるように、**取りあげるエピソードを変えて**見せる必要があるからです。

　また、そのアピールポイントは、「自分は**就職後に活躍できる人材である**」と訴える内容と関連している必要があります。就職後に、仕事の中で自分の**個性や資質**をどのように活かすのか、仕事の内容と自分の**専門分野や経験**がどのように関係しているのかを説明できるアピールポイントにしてください。

　最後に、他の人があまり使わない、より難度が高い**アピール方法**について説明します。それは、あえて「**失敗した経験**」をあげて、「**それをいかに克服したか、そこから何を学んだか**」を書き込む方法です。失敗や短所は、一見自分のダメなところを伝えてしまうように思いますが、それを**克服した体験**を盛り込むことで、あなたの「**自己 PR 文**」は**より説得力**を増します。

　では、このような**コツ**を駆使して、実際に「**自己 PR 文**」を作成してみましょう。

【応用 9】

　つぎにあげる条件 1～4 を守って **200 字以内**で「**自己 PR 文**」を作成してください。巻末の（用紙 29）を使用します。

条件 1	アピールポイントは **1 つに絞り込ん**でください。
条件 2	アピールポイントを裏づける**具体的な事例を盛り込ん**でください。
条件 3	そのアピールポイントを、「自分は**就職後に活躍できる人材である**」と訴える内容と関連づけさせてください。
条件 4	**失敗**した経験をあげ、**いかに克服したか、何を学んだか**を書き込んでください。

6.6　「自己 PR 文」を発表する

　【応用 9】で書き上げた「**自己 PR 文**」を、少し**時間を置いてから読み返して**みてください。時間を置いて読み返すことで、客観的な視点が生まれ、書いていたときとはまた違ったことに気づくことができます。

　このように、書きあげた「**自己 PR 文**」をそのままにするのではなく、エントリーシートを提出する前に、**時間を置いて推敲を施す**ことで、完成度をより高めることが可能となります。自分で読み返すだけでは自信がない場合は、友人や先輩、就職支援課の職員、教員など**周囲の人に読んでもらって、意見を聞きましょう**。そのうえで修正を行います。

　しかし、書きあげただけで満足してはいけません。最後に、完成度をあげた「**自己 PR 文**」を暗唱し、原稿をただ読みあげるのではなく、クラスメートの前で**発表**してみましょう。

　「**自己 PR 文**」の内容は、「**履歴書**」に記載するだけでなく、企業の**面接時にも質問**されます。面接会場で、いきなり「あなたの**自己 PR を 3 分**でしてください。」などと言われることもよくあります。受ける企業に合わせて、**自己 PR を 1 分、3 分、5 分**などで発表できるように、事前

に用意しておくとよいですね。もちろん、「**自己 PR 文**」をただ丸暗記するだけでなく、**感情を込めて身振り手振り**で話ができるようにする必要があります。どのような状況でも落ち着いて**自己 PR** ができることは、あなたの自信につながります。その自信が、あなたを輝かせます。面接時の**自己 PR** に苦手意識を持つことなく、みなさんの武器にしてください。

コラム 10　　お礼状の書き方を学びましょう！

　就職活動でお世話になった先輩方に、感謝を込めてお礼状を書いてみましょう。**感謝や謝罪の意を伝える文書は、自筆で縦書き**するのが原則です。儀礼的な意味合いを含んだり、格式を重視したりする場合は、**はがきではなく封書**を用います。便箋は、**白無地**か、**白地に縦罫線のみ**のものを使用します。言うまでもありませんが、花柄やキャラクターのついた便箋などは使用しないでください。どのような便箋・封筒を用いるかで、送る側の知性が問われます。

　「自分は字が下手だから…」と気おくれする人もいるかもしれませんが、大切なのは文字の美しさよりも、**どれだけ丁寧にしたためたか**です。送る側の**心が相手に届くよう、一文字一文字に誠意を込めて**書いてください。あえてパソコンではなく自筆でしたためる意味がそこにあります。以下に先輩にお送りするお礼状の例を掲載しておきます。

　　拝啓
　梅雨も明け、いよいよ夏本番を迎える季節となりました。
　〇〇様におかれましては、ますますご清祥のこととお慶び申し上げます。
　さて、先日はお忙しい中、お時間をとっていただき、まことにありがとうございました。飯塚産業株式会社にお勤めの〇〇様のお話を直接うかがうことができ、□貴社のお仕事内容や貴社のご様子を詳しく知ることができました。お教えいただいたことを活かして、今後の就職活動に励んでまいりたいと存じます。
　今後とも、どうかよろしくご指導くださいますようお願い

　申し上げます。
　季節の変わり目、どうかくれぐれもご自愛ください。
　まずは略儀ながら、書面にて御礼のご挨拶を申し上げます。

　　　　　　　　　　　　　　　　　　　　　敬具

　令和二年六月十五日

　飯塚産業株式会社　〇〇〇〇様

　　　　　　　　　　　　　　　　　　田中　進

　いかがでしょうか。「**頭語**」・「**結語**」の組合せや、「**時候の挨拶**」などは第 4 章ビジネス文書の書き方（P.30〜31 など）も参照してください。手紙文中の 1 か所の　□　は、**相手（相手の会社など）を敬うため、あえて 1 字分を空けて**います。文頭ではない位置に相手の名前などが来た場合、このような空白を作ることで、略式ですが文頭に書いたのと同じ効果があります。

　なお、お礼状などは、原則、**便箋 2 枚以上**になるように書くものです。どうしても 1 枚で終わってしまう場合は、**後ろに白紙の便箋をもう 1 枚つけて、2 枚にして送ります**。

【知識編】　小テスト対策

第 1 回（重要カタカナ語 1）つぎの言葉を覚えなさい。

(1) アサイン
　（英）assignment より。割当て。分配。宿題。

(2) アジェンダ
　（英）agenda より。協議事項。議事日程。予定表。

(3) アポ／アポイント／アポイントメント
　（英）appointment より。会合や人と会う約束。

(4) イシュー
　（英）issue より。論点。争点。または発行。発行部数。

(5) エコ
　（英）ecology より。環境。エコカー、エコグッズのように他の語と組み合わせることも多い。

(6) カタログ
　（英）catalog より。目録、とくに商品目録。

(7) カット
　（英）cut より。削減。

(8) キャリア
　（英）career より。職業・技能上の経験や経歴。

(9) キャパ
　（英）capacity より。能力。力量。

(10) キャンペーン
　（英）campaign より。宣伝活動。

(11) クレーム
　（英）claim より。苦情。文句。

(12) グローバル
　（英）global より。地球的規模（の）。世界的規模（の）。グローバリゼーション（世界化）など。

(13) コスト
　（英）cost より。費用、とくに商品の生産に必要な費用。

(14) コネ
　（英）connection より。関係。つながり。とくに物事をうまく運ぶのに役立つ親しい関係。

(15) コンセプト
　（英）concept より。基本となる観点。発想。

(16) コンセンサス
　（英）consensus より。意見の一致。合意。

(17) コンテンツ
　（英）contents より。情報。番組。テキスト、音声、動画、静止画などの形式を整えた内容物。

(18) コントラクト
　（英）contract より。契約書。

(19) コンペ／コンペティション
　（英）competition より。設計の公募。建築の設計競技。また複数の競合他社とプレゼンテーションに臨むこと。(26) も参照。

(20) サジェスチョン
　（英）suggestion より。提案。示唆。忠告。

(21) サマリー
　（英）summary より。大要。概略。要約。要旨。

(22) シノプス
　（英）synopsis より。要約。あらすじ。

(23) シェア
　（英）share より。市場占有率。マーケットシェア。または、情報などを共有すること。

(24) スキーム
　（英）scheme より。枠組。計画。仕組み。図式。

(25) スクリーニング
　（英）screening より。ふるいにかけること。選別。選別検査。

(26) スコープ
　（英）scope より。研究などの限界。視野。教育内容や知識の範囲。

(27) ストック
　（英）stock より。在庫。

(28) ストラテジー
　（英）strategy より。戦略。

(29) セキュリティ
　（英）security より。安全。防犯。セキュリティシステムなどの用法がある。

(30) ソーシャル・キャピタル
　（英）social capital より。社会関係資本。人々の信頼や絆、地域社会での人間関係やネットワークを資本とみなす考え方。

第2回（重要カタカナ語2）つぎの言葉を覚えなさい。

(1) ターゲット
（英）target より。対象。とくに販売などの対象。

(2) データ
（英）data より。推論するための資料・情報。

(3) ドキュメント
（英）documents より。文書。証文。または重要な意見や事件を記した記録。

(4) ドラスティック
（英）drastic より。徹底的な。根本的な。過激な。

(5) ニーズ
（英）needs より。要求。需要。

(6) ニッチ
（英）niche より。すき間。競合相手が少ない市場。

(7) ノウハウ
（英）know-how より。技術的知識・情報。やり方。

(8) ノルマ
（露）norma より。一定の時間内に達成すべき仕事量。

(9) ハイテク
（英）high technology より。先端的な科学技術。

(10) パブ/パブリシティ
（英）publicity より。新聞や広告によって一般に広く知らせること。企業や製品のその事業のための広報活動。

(11) ビジョン
（英）vision より。将来の構想。展望。

(12) フィードバック
（英）feedback より。結果によって原因を改めるよう、結果をもとへ還元する動作。

(13) フィックス
（英）fix より。確定すること。

(14) フォローアップ
（英）follow-up より。追跡調査。事後点検。後の手当て。

(15) プッシュ
（英）push より。後押しする。

(16) プライオリティ
（英）priority より。（予算や着手の）優先順位。

(17) ブラッシュアップ
（英）brush-up より。磨きをかけること。完成度をあげること。

(18) プレゼン/プレゼンテーション
（英）presentation より。会議などでの発表。

(19) プロジェクト
（英）project より。計画。企画。とくに大規模な事業計画。

(20) マター
（英）matter より。「〜マター」という言い方で、誰（どの部署）が担当しているかを示す。

(21) マーケット
（英）market より。市場。

(22) マニュアル
（英）manual より。手引書。説明書。

(23) マネージメント/マネジメント
（英）management より。経営。管理。

(24) メーカー
（英）maker より。製造業者。とくに有名な製造会社。

(25) メソッド
（英）method より。方法。手法。体系。

(26) モラトリアム
（英）moratorium より。中止。一時停止。凍結。一時禁止措置。猶予。猶予期間。

(27) リーフレット
（英）leaflet より。折り込み式の宣伝用印刷物。ちらし。

(28) リコール
（英）recall より。欠陥商品を生産者が回収し、無料で修理すること。

(29) リスク
（英）risk より。危険。損害を受ける可能性。

(30) レジュメ
（仏）resume より。要約。大意。内容を縮めて書いたもの。レジメ。

第3回（同音異字）カタカナを漢字にしなさい。

(1)	読書イガイの趣味	以外
(2)	イガイな人に会った	意外
(3)	人事イドウ	異動
(4)	本文にイドウはない	異同
(5)	車両にイドウする	移動
(6)	試験のカイトウ用紙	解答
(7)	問い合わせにカイトウする	回答
(8)	採点のキジュン	基準
(9)	行動のキジュンを定める	規準
(10)	部下にシジを出す	指示
(11)	彼の意見をシジする	支持
(12)	生活のジッタイ調査	実態
(13)	ジッタイのない幽霊会社	実体
(14)	切手のシュウシュウが趣味	収集
(15)	混乱をシュウシュウする	収拾
(16)	左右タイショウ	対称
(17)	研究のタイショウ	対象
(18)	比較タイショウする	対照
(19)	資本主義タイセイ	体制
(20)	得意のタイセイに持ち込む	体勢
(21)	着陸タイセイに入る	態勢
(22)	タイセイが判明する	大勢
(23)	ドウシを募る	同志
(24)	いとこドウシ	同士
(25)	電車とヘイコウして走る	並行
(26)	段違いヘイコウ棒	平行
(27)	ヘイコウ感覚	平衡
(28)	安全ホショウ	保障
(29)	国が損害をホショウする	補償
(30)	ホショウ人	保証

第4回（敬語の確認）尊敬語・謙譲語を答えなさい。

元の動詞	尊敬語	謙譲語
(1) 会う	お会いになります	お目にかかります
(2) 言う	おっしゃいます	申し上げます
(3) 行く・来る	いらっしゃいます・お越しになります	うかがいます・参ります
(4) いる	いらっしゃいます	おります
(5) 帰る	お帰りになります	失礼します・おいとま致します
(6) 聞く	お聞きになります	うかがいます・拝聴します
(7) くれる・与える	くださいます	差し上げます
(8) 知る・思う	ご存じです	存じます
(9) する・行う	なさいます	いたします
(10) 尋ねる	お尋ねになります	お尋ねします
(11) 食べる	お召し上がりになります・召し上がります	いただきます
(12) 見る	ご覧になります	拝見します
(13) もらう	お受けになります	拝受します
(14) 読む	お読みになります	拝読します

Good Job!!

第5回（慣用表現）つぎの言葉を覚えなさい。

(1) 足元を見る　相手の弱みにつけこむこと。

(2) 意に介さない　少しも気にかけないこと。

(3) 襟を正す　気を引き締めて、ことにあたること。

(4) お茶を濁す　いい加減にその場をごまかすこと。

(5) 気が置けない　気楽につき合えること。

(6) 釘を刺す　あらかじめ注意して念を押すこと。

(7) 逆鱗に触れる　目上の人をひどく怒らせること。

(8) 下駄を預ける　ことの処理を相手に委ねること。

(9) 敷居が高い　不義理なことなどをしていて、その人の家に行きにくいこと。

(10) 支障を来す　ものごとがはかどらなくなること。

(11) 手を焼く　処理や対処に苦労すること。

(12) 情けは人のためならず　人に親切にしておけば、巡り巡って自分によい報いがあること。

(13) 二の足を踏む　どうしようかと、ためらうこと。

(14) 歯に衣を着せない　ありのままものを言うこと。

(15) 枚挙に暇がない　多すぎて数えられないこと。

(16) 的を射る　要点を押さえていること。

(17) 右に出る者がない　その人にまさる人はいないこと。

(18) 水をあける　優劣の差をはっきりとつけること。

(19) 槍玉にあげる　多くの中から選び出して、非難や攻撃の対象にすること。

(20) 若気の至り　若い頃の無分別の結果のこと。

第6回（ビジネス用語）つぎの言葉を覚えなさい。

(1) 研究開発

新しい財やサービスを産み出すために行われる基礎研究・応用研究・製品化の一連の業務をさす。英語では Research and Development といわれ、R&D と表現されることもある。

(2) 国内総生産（Gross Domestic Product: GDP）

国内総生産（GDP）とは、一定期間内に国内で生産された財やサービスの付加価値の合計額のことである。GDP は、一国内の経済活動を示す指標としてとても重要なものである。日本では、内閣府が作成・公表している。GDP には名目 GDP と実質 GDP の2つがある。名目 GDP は、実際の取引価格に基づいて推計されるため、物価変動の影響を受ける。他方、実質 GDP は、ある基準年の価格水準を基準として、物価変動要因が取り除かれて計算される。そのため、景気や経済成長を判断する場合には、名目 GDP だけでなく実質 GDP も重要な判断材料になる。

(3) イノベーション（Innovation）

研究開発（R&D）投資の結果としておきる技術革新のこと。イノベーションは新しい財やサービスをもたらし、景気循環の要因にもなる。

(4) 規模の経済

生産規模が増加するほど、生産1単位あたりの費用が減少する性質のこと。スケールメリットともいう。

(5) 世界貿易機関（World Trade Organization：WTO）

1995年1月1日の国際機関。WTO 協定は、貿易に関連する様々な国際ルールを定めており、多角的貿易体制の中核を担っている。最恵国待遇と内国民待遇は WTO 協定の基本原則に含まれている。

(6) 最恵国待遇の原則

いずれかの国に与える最も有利な待遇を他のすべての加盟国に対しても与えなければならないとする原則のこと。ある WTO 加盟国が別の加盟国に対して関税の割引を行う際には、すべての加盟国に対して適用しなければならない。

(7) 内国民待遇の原則

相手国の国民や企業に対して差別的な対応をとらず、自国民や自国企業と同等に取り扱うことをいう。たとえば、輸入ワインであっても国内産ワインであっても同一の消費税率が適用される。

(8) **自由貿易協定（Free Trade Agreement：FTA）**
特定の国や地域との間で関税や企業への規制を撤廃し、財サービスの取引を自由に行えるようにする協定のこと。

(9) **地域貿易協定（Regional Trade Agreement：RTA）**
自由貿易協定と関税同盟（Customs Union）との総称である。近年、増加しており、北米自由貿易協定（NAFTA）や南米南部共同市場（メルコスール）がこれに該当する。

(10) **経済連携協定（Economic Partnership Agreement：EPA）**
主に2国間において貿易や投資の自由化・円滑化を進め、幅広い関係強化を目指す協定。モノに限らず投資・サービス・人も対象となる。

(11) **海外直接投資（Foreign Direct Investment：FDI）**
ある国の企業が外国に工場や販売会社を作って資本を直接投下すること。

(12) **関税**
輸入品に対して通関の際に課される税のこと。

(13) **中間財**
最終財を製造するために必要な生産要素のこと。車や家電製品の部品などがこれに該当する。

(14) **アウトソーシング**
社内の事業を単に社外に委託することをいう。オフショアリングとの区別が重要。

(15) **オフショアリング（Offshoring）**
中間財の生産などの社内事業を海外に委託することをいう。

(16) **多国籍企業**
複数の国にまたがって企業活動を行っている大規模な企業のことをいう。世界最大の多国籍食品会社は、スイスに本社をもつネスレである。

(17) **ローカル・コンテント規制 (現地調達比率規制)**
ある財を海外で生産する際に、現地政府より、現地国内企業が生産する部品（中間財）を一定比率で購入あるいは使用することを要求されること。

(18) **知的財産権**
特許権、実用新案権、育成者権、意匠権、著作権、商標権など、法令により定められた権利または法律上保護される利益に関する権利のこと。

(19) **ライセンシング（Licensing）**
特許権や著作権などの知的財産権を保有している個人や企業が、第3者に対してその使用を有償で許諾すること。たとえば、報酬と引き換えに特許製品の製作・使用・販売の権利を与えること。

(20) **為替レート（Exchange Rate）**
外国為替市場において異なる通貨が売買される際の交換比率のこと。代表例として、日本円と米ドルの相場や日本円とユーロの相場がある。

(21) **為替介入 (外国為替市場介入)**
為替相場の急激な変動を抑えてその安定化を図るために、通貨当局が外国為替市場で通貨間の売買を行うことである。日本では財務大臣の権限の下で実施される。

(22) **外貨準備**
通貨当局が為替介入に使用する資金でもあり、通貨危機などによって、他国に対して外貨建て債務の返済が困難になった際に使用する準備資産のこと。日本では、財務省と日本銀行が外貨準備を保有している。

(23) **G7**
Group of Seven の略。カナダ、フランス、ドイツ、イタリア、日本、英国、米国の先進7ヶ国。

(24) **G20**
Group of Twenty の略。G7の構成国の他に、アルゼンチン、オーストラリア、ブラジル、中国、インド、インドネシア、韓国、メキシコ、ロシア、サウジアラビア、南アフリカ、トルコ、欧州連合・欧州中央銀行を加えた20ヶ国・地域のこと。

(25) **国際通貨基金（International Monetary Fund：IMF）**
1947年3月業務開始の国連専門機関。主要な目的は、加盟国の為替政策の監視や、国際収支が著しく悪化した加盟国に対して融資を行うことなどを通じて、①国際貿易の促進、②高水準の雇用と国民所得の増大、③為替の安定、などに貢献することである。

(26) **持株会社**
他社を株主として支配する目的で、当該会社の株式を保有する会社のことをいう。持株会社には、純粋持株会社と事業持株会社の2種類がある。純粋持株会社とは、自社では生産・販売といった活動は行わないが、株式所有によって他社を支配しつつ、経営と管理に特化することを目的とした会社のことである。事業持株会社とは、株式を保有することで子会社を支配しつつ、自社においても生産・販売などのビジネスを行う持株会社のことをいう。

(27) **株式公開買付け（Take-over Bid：TOB）**
株式の買付け価格や期間を公告し、不特定かつ多数の者から証券取引所外で株式を買い付けること。

(28) サプライチェーン (Supply Chain)

製品の原材料・部品などが生産され、最終財として完成してから、実際に消費者の手元に届くまでの一連のプロセスのことをいう。工業製品であれば、多様な部品をさまざまな中間財生産企業から調達して生産しているため、ひとつでも中間財の供給が滞ると生産活動に支障が出る。経済活動のグローバル化、そしてオフショアリングの拡大に伴って中間財を海外から調達する企業も多く、サプライチェーンは国際化の傾向を強めている。

(29) 企業の社会的責任 (Corporate Social Responsibility: CSR)

CSR とは、企業が自社の利潤を追求するだけでなく、企業活動が社会へ与える影響にも責任をもち、また、消費者や投資家を含む社会全体からの要求・評価を踏まえて社内の意思決定をすることである。CSR の広がりに伴って、企業活動を社会に向けて適切に説明し、利潤のみならず社会の持続可能な発展を目的にする企業が増えている。ただし、CSRによって消費者の評価を高め、結果として自社の利益を高めようとする「戦略的 CSR」と呼ばれるものもある。

(30) 経済協力開発機構 (Organization for Economic Co-operation and Development: OECD)

アメリカによる第 2 次世界大戦後の欧州復興支援策であるマーシャル・プランの受入れ体制を整備するため、ヨーロッパ 16 ヶ国で欧州経済協力機構がパリに設立された。その後、OEEC は発展的に解組され、1961 年に経済協力開発機構 (OECD) が設立された。OECD は、先進国間の自由な意見交換と情報交換を通じて、経済成長・貿易自由化・途上国支援に貢献することを目的としている。2016 年現在、EU 加盟国の他、アメリカ、日本、カナダなどを含めた 35 ヶ国で構成されている。

おわりに

　本書の目的は、単なる日本語表現力（読む力・書く力・聞く力・話す力）の涵養を目指すこと
だけではありません。学生諸君が**インターンシップ（体験就業）**に挑戦する際や、**就職活動**をす
る際に、自分といかに向き合うべきかを紐解く内容になっています。また、あわせて、**ビジネス
シーンに特化して**学生諸君が**社会人になったときに役立つ日本語力を養成**することに焦点を当て
て執筆を行っています。本書の学習を通じて、一人でも多くの学生諸君に、「**未来志向の実学主
義**」を体感してもらえることを望みます。

　6 章からなる内容は、筆者が実際に大学の教壇に立ちながら、より多くの学生にとって必要な
日本語表現力とは何かを試行錯誤しつつ生まれました。とくに近年は、講義を通じて重要なこと
を伝えようとしても、学生諸君の興味関心を引かなければ意味がないことを痛感しています。自
身の未来のために、役立つ日本語力を身につけることを目指して、どうか本書と向き合ってくだ
さい。本書での学習が、皆さんの将来に役立つことを心から願っています。

　限られた時間の中での執筆で、まだまだ未完成のところも多く、忸怩たる思いもありますが、
教鞭を取り続けるかぎり教育研究に終わりはないと自らに言い聞かせ、ここに一旦筆を置くこと
にします。さらなる改訂を加えて、またお目にかかりましょう。

令和六年睦月吉日

筆　者

【参考文献】

　本書の執筆にあたり、下記文献から多くのご教授をいただきました。ここに記して深く謝意を
表します。

- 中川越監修『手紙往復文例百科』（永岡書店，1991 年）
- 名古屋大学日本語表現研究会編『日本語表現ノート　書き込み式』（三弥井書店，2004 年）
- 高橋書店編集部編『さすが！と言われる　ビジネスマナー完全版』（高橋書店，2010 年）
- 山本いずみ・白井聡子編『ビジネスへの日本語』（朝倉書店，2011 年）
- 名古屋大学日本語表現研究会編『日本語表現法　書き込み式』（三弥井書店，2013 年）
- 名古屋大学日本語表現研究会 GK7 著『スキルアップ！日本語力　大学生のための日本語練
  習帳』（東京書籍，2015 年）
- プレゼンテーション研究会『学生のためのプレゼンテーション・トレーニング：伝える力を
  高める 14 ユニット』（実教出版，2015 年）
- 桑田てるみ編『学生のレポート・論文作成トレーニング　スキルを学ぶ 21 のワーク』（実教
  出版，2015 年）

著者紹介

位田　絵美（いんでん　えみ）

名古屋大学大学院 国際開発研究科 博士課程修了.
現職 近畿大学産業理工学部 教養・基礎教育部門主任 教授
専門分野 近世文学

イラストレーター　西村歩華 / Y.O.

ビジネスシーンに学ぶ日本語

2019 年 3 月 30 日	第 1 版	第 1 刷	発行
2020 年 3 月 30 日	第 2 版	第 1 刷	発行
2022 年 3 月 30 日	第 3 版	第 1 刷	発行
2024 年 3 月 20 日	第 4 版	第 1 刷	印刷
2024 年 3 月 30 日	第 4 版	第 1 刷	発行

著　　者　　位田絵美
発 行 者　　発田和子
発 行 所　　株式会社　学術図書出版社

〒113-0033　　東京都文京区本郷 5 丁目 4 の 6
TEL 03-3811-0889　　振替 00110-4-28454
印刷　三美印刷 (株)

ビジネスシーンに 学ぶ日本語	提出日		年　　　月　　　日（　　）	
	学籍番号		氏名	

【例題1】〈例　自己紹介文〉を、**言葉遣いに注意して**書き直しなさい。

（原稿用紙）

〔コメント〕

【例題2】〈例　自己紹介文〉の文章を、**印象的な自己紹介にするための工夫**をこらして書き直しなさい。

（原稿用紙）

〔コメント〕

ビジネスシーンに学ぶ日本語	提出日	年　　月　　日（　　）
	学籍番号	氏名

【応用1】あなたは新入社員として、**総務課に配属**されました。課で歓迎会が開催され、そこで
　　　　自己紹介をすることになりました。**その場にふさわしい自己紹介文を作成**してくださ
　　　　い。以下の条件 1〜4 を守って **400 字程度**で作成します。

> 条件 1　公的話し言葉（です・ます体）で統一し、**カジュアル表現を使わない。**
> 条件 2　**具体的な内容**（身近な出来事・最近のこと）を盛り込む。
> 条件 3　**聞き手を意識した表現**を使用する。
> 条件 4　**失敗談や苦手なこと**にも触れる。

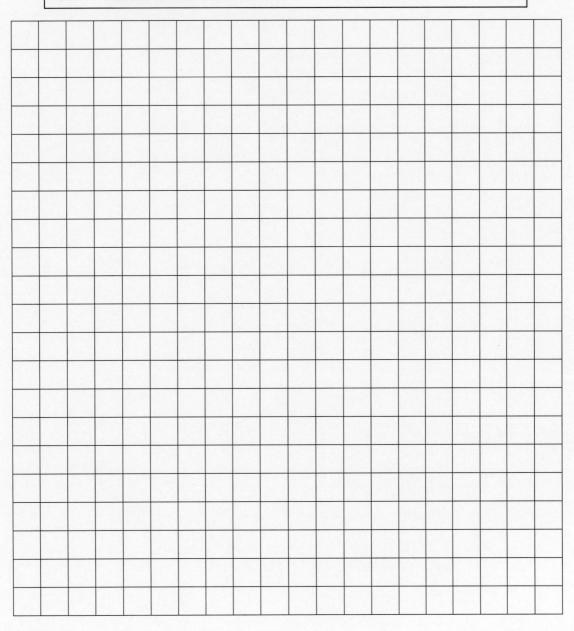

提出日		年　　月　　日　（　）	
ビジネスシーンに 学ぶ日本語	学籍番号	氏名	

【チャレンジ 1】 つぎの (1) 〜 (20) の内容で、**基本的なビジネスマナー**として正しくないもの
には✕を、正しいものには〇を、右端の欄にそれぞれ記入してください。

〈身だしなみ編〉

(1) 服装にはこだわりがあるため、制服以外は、自分の個性を出すように努める。	
(2) 女性の華やかなマニキュアは、女子力の高さの証明であるから、手入れは怠らない。	
(3) 髪の長さや色は清潔感を大切にし、男性のひげも周囲から不快に思われないように注意する。	
(4) 準礼装でと言われたら、ジーンズやスニーカーは避けて、昼はディレクターズスーツ、夜はタキシードを着用する。	

〈出社時編〉

(5) 欠勤する場合は、かならず会社に連絡を入れる。事前にわかっている場合は、予定がわかった段階ですみやかに上司の許可を取っておく。	
(6) 始業開始時刻の 10 分前には出社して、仕事の準備をする。	
(7) 遅刻しそうな場合は、怒られるといけないので、仲のよい同僚などにこっそり連絡を入れておく。	
(8) 遅刻しないためにも、始発の電車などで移動して早めに出社し、会社で朝食をとるようにするとよい。	

〈社内編〉

(9) 上司や取引先の相手となるべく早く親しくなれるようにフレンドリーに話しかける。	
(10) 私用の外出をしないのは当然だが、たとえ短時間でも席をはずす場合は、同僚に行き先と戻る時刻を伝えてから席を立つ。	
(11) 会社のコピー機や電話、インターネットを私用に使う場合は、バレないように上手にカムフラージュする。	
(12) 会議に出席するときには、会議の開始 1 分前には席についておく。	
(13) 急いでいる場合は、エレベーターに乗る際、ドアの正面に立って待つ。	

〈退社時編〉

(14) 帰り支度は早めに始めて、終業時刻と同時に退社する。	
(15) 重要な書類やデータは、上司の指示を仰ぎ、施錠できる場所に保管する。	
(16) 仕事が勤務時間内に終えられない場合は、データを持ち帰って自宅で作業をして、翌朝までに完了させる。	

【チャレンジ 1】（続き）

〈名刺編〉

(17) 名前と似顔絵を入れて、親しみやすい名刺を自分で作成する。	
(18) 名刺を渡す場合は、目下の人や訪問した人が先に渡す。	
(19) 名刺は右手で差し出し、相手の名刺を左手で受け取る。	
(20) もらった名刺は、なくさないようすぐに名刺入れに入れる。	

（用紙 4）

提出日		年　　月　　日（　　）	
ビジネスシーンに 学ぶ日本語	学籍番号	氏名	

【例題3】 つぎの①～③の場合、**社会人としてどのような対応を取るのがふさわしいでしょうか。**
　　　　それぞれを簡潔に<u>説明して</u>ください。

① 出勤途中、信号機の故障で電車が止まり、就業時刻に間に合いそうにありません。どうしたらよいでしょうか。

② 社内のエレベーターに1人で乗っていたら、社長が乗り込んできました。どうしたらよいでしょうか。

③ 勤務中、受付までお客様をお迎えにいくことになりました。20分ほど席をはずすことになります。どうしたらよいでしょうか。

提出日	年　　　月　　　日（　　）	
ビジネスシーンに 学ぶ日本語	学籍番号	氏名

【チャレンジ 2】 つぎの (1) ～ (20) の内容で、**訪問・応接のマナー**として正しくないものには **×**を、正しいものには○を、右端の欄にそれぞれ記入してください。

〈訪問のマナー編〉

(1) 訪問する場合には、事前にかならず予約（アポイントメント）を入れる。その際には、できるだけこちらの事情を話して、仕事のしやすい時間に予約（アポイントメント）する。	
(2) 約束の時間には絶対に遅れないように、30 分前には相手のもとへ着くようにしておく。事前に交通手段などを確認しておくことも大切である。	
(3) 遅れそうなときは、かならず連絡を入れる。	
(4) 会社を訪問したら、まず受付で名刺を出して名乗る。ついで予約（アポイントメント）の時間と担当者の名前を伝えて取りつぎをお願いする。	
(5) 案内してもらうときは、相手の真後ろからついていくようにする。	
(6) 応接室などに入るときは 3 回ノックをし、「失礼いたします」などと挨拶してから入る。	
(7) 部屋に通されたら、すすめられるまでイスには座らず、立って待つ。	
(8) 座って待つときは、相手が入ってきたら、そのまま軽く会釈する。	
(9) かばんは、資料が取り出しやすいように、自分の横のイスの上に置く。	
(10) 商談が弾んだ場合は、訪問の予定時間を越えて話し込むこともある。	

〈応接のマナー編〉

(11) お客様との予約（アポイントメント）時間より前までに、応接の準備をする。	
(12) 相手の名前や用件を確認してから、ご案内する。	
(13) エレベーターに乗るときは、声かけをせず先に乗り込み、降りるときはお客様を先に通す。	
(14) 案内する際は、廊下の曲がり角などで、お客様に方向を示す。	
(15) 「手前に開くドア」の場合は「どうぞ」とお客様を先に通し、「押して開くドア」の場合は「こちらです」などと声かけしながら自分が先に入る。	
(16) 応接室では、ドアに一番近い席にご案内する。	
(17) 担当者が来るまで、お客様には立ったままお待ちいただく。	
(18) お茶は、茶碗を茶たくにきちんと載せて持ってきて、お客様から先にお出しする。その後に上司にお茶を出す。	
(19) まず一口先に飲んでみてから、お客様にもお茶をすすめる。	
(20) 相手が部屋を出るまで、お見送りする。	

	提出日		年　　　月　　　日（　　）
ビジネスシーンに 学ぶ日本語	学籍番号		氏名

【例題4】 つぎの①〜③の場合、**社会人としてどのような対応を取るのがふさわしいでしょうか。** それぞれを簡潔に<u>説明して</u>ください。

① 上司の自宅のホームパーティーに招待されました。約束の時間に遅れないように早めに出たら、予定より1時間も早く着いてしまいました。どうしたらよいでしょうか。

② 来社なさったお客様の担当者が、現在接客中で、あと20分ほど経たないと対応に出られません。お客様にどのように伝えるのがよいでしょうか。

③ 応接室にお茶をお持ちしたところ、事前に聞いていた人数と違ってお客様が1人多いことに気づきました。どうしたらよいでしょうか。

	提出日　　　年　　月　　日（　　）	
ビジネスシーンに 学ぶ日本語	学籍番号	氏名

【チャレンジ3】 つぎの①〜⑩の下線部を、それぞれ「**尊敬語**」に直して、文を書き直しましょう。

① （上司と昼食に行って）「何にしますか。」

答：

② 「先生、『□□□□』という本を読みましたか。とても面白いですよ。」

答：

③ 「係長、先日の企画案、課長に話しましたか。」

答：

④ （上司に）「社長は海外出張から何時頃帰りますか。」

答：

⑤ 「部長、明日 10 時までに取引先に行きますか。」

答：

⑥ （同僚に）「課長が今度の会議には『かならず出る』と言っていたよ。」

答：

⑦ （友人に）「この本はゼミの先生がくれたんだよ。」

答：

⑧ （お客様に）「その件でしたら、あちらの受付で聞いてください。」

答：

⑨ （同僚に）「社長が部屋で、君を待っているよ。」

答：

⑩ （上司とバスに乗っていて）「どこで降りますか。」

答：

提出日		年　　　月　　　日（　　）	
ビジネスシーンに 学ぶ日本語	学籍番号	氏名	

【チャレンジ4】 つぎの①〜⑩の下線部を、それぞれ「**謙譲語**」に直して、文を書き直しましょう。

① （お客様に）「昨日<u>送ってもらった</u>メール、<u>読みました</u>。」
答：

② （先生に）「母が戻って<u>来たら伝えます</u>。」
答：

③ （お客様に）「お客様のご意見は、店長が<u>聞きます</u>。」
答：

④ （取引先に）「課長が今度のパーティーには『かならずうかがいます』と<u>言っていました</u>。」
答：

⑤ （取引先に）「来週火曜日の13時に<u>会いたいんですが</u>…。」
答：

⑥ （上司に電話で）「すみません、体調が悪いので<u>休みます</u>。」
答：

⑦ （ウチの人だけの社内集会で）「会長から、<u>あいさつしてもらいます</u>。」
答：

⑧ （ソトの人が多い社内集会で）「専務から、<u>あいさつしてもらいます</u>。」
答：

⑨ （ソトの人が多い会議で）「先ほど<u>我が社</u>の<u>井上部長がおっしゃいましたが</u>、…。」
答：

⑩ （先輩に）「すみません、この書類の書き方を<u>教えてください</u>。」
答：

	提出日	年 　 月 　 日（ 　）
ビジネスシーンに 学ぶ日本語	学籍番号	氏名

【チャレンジ5】　つぎの文章を読み、配達員になったつもりで、<u>下線部</u>に注意して「**丁寧語**」や
漢語、必要であれば「**謙譲語**」も使用して言い換えてみましょう。

（ピンポーン）
配達員：ごめんください。シロイヌ宅配です。<u>荷物を持ってきたよ。</u>
答：
お客：はーい。ご苦労様。
配達員：東京の田中様からのお届け物です。<u>ここで、いい？</u>
答：
お客：はい、そこに置いてください。荷物の受け取りに印鑑はいりますか。
配達員：<u>ううん。</u><u>はんこはいらないから、ここにサインをお願い。</u>
答：

	提出日	年　　　月　　　日（　　）	
ビジネスシーンに学ぶ日本語	学籍番号	氏名	

【チャレンジ6】　つぎの①～⑤を、「**クッション言葉**」や「**謙譲語**」、「**丁寧語**」を用いて、それぞれふさわしい表現に直して答えてください。

---

① 　（取引先の相手に）「明日の16時までにメールの返信をお願い。」

答：

---

② 　（職場の先輩に）「契約書の書き方で、ちょっと聞きたいことがあるんですが、教えてくれる？」

答：

---

③ 　（取引先の相手に）「明後日の打合せまでに、企画案を送ってもらいたい。」

答：

---

④ 　（上司に飲みに誘われて）「今日はまだ仕事が残っているので行けません。」

答：

---

⑤ 　（顧客から依頼されて）「ごめんなさい。うちの会社ではできません。」

答：

オッケー!!

	提出日		年　　月　　日（　　）
ビジネスシーンに 学ぶ日本語	学籍番号	氏名	

【応用2】つぎの文は、顧客、上司、私の会話です。適切でない表現を含む部分を見つけだし、**適切な表現**に書き換えてください。

顧客：お宅で購入した商品、2週間で壊れたんですけど。直してもらえます。

私：あ、ごめんなさい。すぐに修理いたします。

　　

顧客：商品がダメになったの、これで2回目よ。お宅の商品管理は、一体どうなってるの。

私：すいません。え～と、商品管理についてはわからないので…。

　　

顧客：わからないで済まされたら、困るわよ。こっちはお金を払っているんですからね。

私：ちょっと、お待ちください。上司に申し上げますので…。

　　

（上司にむかって）

私：すみません、商品が2週間で壊れたと申し上げているお客様がいて、どう対応したらいいですか。商品管理が悪いと言ってるんですが…。

　　

上司：きちんと謝罪はしたのかね。私から説明しよう。

ビジネスシーンに 学ぶ日本語	学籍番号		提出日	年	月	日（ ）
		氏名				

【応用2】（続き）

（顧客にむかって）

上司：この度は、まことに申し訳ございません。どのようなご用件でしょうか。

顧客：お宅の商品、買って帰って2、3回使ってみたら壊れたの。これで2回目よ。どういう商品管理してるのよ。

上司：お客様失礼ですが、取り扱い説明書の内容、おわかりになりますか。こちらの商品は高温多湿の場所での使用はできないことになっておりまして…。拝見したところ、どうもそのような場所で使用されたようなのですが…。

顧客：そんなこと、知ってるわよ。でもちょっとだけなら、大丈夫なんじゃないの。ほら、生活防水とかいうでしょ。

上司：申し訳ありませんが、この商品は防水対応をしていません。

顧客：まだ買って2週間なんだから、直してもらえない。保証期間でしょ。

上司：取り扱い説明書に書かれた内容を守って使用していただいていないので、うちではできません。

提出日	年　　月　　日（　）

ビジネスシーンに 学ぶ日本語	学籍番号	氏名

【応用3】 つぎの文は取引先と私の**電話での会話**です。適切でない表現を含む部分を見つけだし、**適切な表現**に書き換えてください。

取引先：柏の森商事の萬川と申します。藤本課長はいますか。

私：すみません。藤本課長は、お昼休み中です。お帰りの時間はわかりません。

取引先：そうですか。先日見積書をお送りさせていただきました件でお電話しました。見積書は拝見なさったでしょうか。

私：その件でしたら、藤本課長からうかがっています。見積書は拝見させていただきました。

取引先：ありがとうございます。当社のご提案はどうでしたか。

私：申し訳ありません。私では対応できません。課長が戻り次第、急いで検討して、折り返しお電話します。

	提出日	年　　　月　　　日（　　　）
ビジネスシーンに 学ぶ日本語	学籍番号	氏名

【例題 5】つぎの**ビジネス文書**は、柏の森工業株式会社から、株式会社ホソエデンキの営業部第
　　　　二営業課 深沢あき子課長あてに送られた**注文書**です。空欄（①〜⑩）に、適切な表記
　　　　を記入して、**注文書を完成**させてください。発信年月日は本日付にします。

福岡発 12345 号

令和　年　月　日

（①　　　　　　　　　　　　）

（②　　　　　　　　　　　　　　）

柏の森工業株式会社

総務課課長　長島　建一

　　　　　　　　　　　（③　　　　　　　　　　　　　　　）

（④　　　　）向夏の候、（⑤　　　　　　　　　　　　　　　　　　　　　　　　）お慶
び申し上げます。平素は格別の（⑥　　　　　　　　　　　　　）、厚く御礼申し上げます。
　　さて、先日は業務用ノート型パソコンの見積書をありがとうございました。検討の
結果、（⑦　　　　）ではこの度、業務用ノート型パソコン 10 台を新規購入することに
いたしました。以下の通り、発注をいたします。（⑧

　　　　　　　　　　　　　　　　　　　　　　　　　　　　　　　）。

敬具

　　　　　　　　　　　　　　（⑨　　　　）

　　1．注文品　　ノート型パソコン「DioBook S32 型」（Mistusiba）

　　2．数量　　　10 台

　　3．単価　　　158,000 円（税込）

　　4．納期　　　令和〇年〇月〇日

　　5．支払い　　28 日締め翌 10 日払い（小切手）

（⑩　　　　　）

担当　総務課　村井　敬子

murai@kayanomorikougyou.co.jp

		提出日	年　　　月　　　日（　　）
ビジネスシーンに 学ぶ日本語	学籍番号	氏名	

【応用 4】あなたは上司から顧客に送る「展示会の**案内状**」を作成するように言われました。**ビ
ジネス文書の基本書式を守って**、正しく作成してください。条件 1〜5 を守ります。

> 条件 1　顧客名は、「株式会社カシワ事務機器」の「販売部 柏 森夫課長」を使用します。
> 条件 2　あなたの会社は「飯塚工業株式会社」で、上司は「総務課 山村 学課長」です。担
　　　　当者名はあなたの名で、連絡先は「〇〇〇〇@iizukakougyo.co.jp」です。
> 条件 3　案内内容は、「新製品の業務用コピー機の展示会」のお知らせです。
> 条件 4　日時は、令和〇年〇月〇日（月）から〇日（金）（土、日を除く）の 10：00 から 17：
　　　　00 です（年月日は担当教員の指示に従って記載してください）。
> 条件 5　展示会場は、「柏記念館（飯塚市桜の森 11-6）」です。

		提出日		年　　　月　　　日（　　）
ビジネスシーンに 学ぶ日本語	学籍番号		氏名	

【チャレンジ 7】 つぎの (1) ～ (20) の内容で、ビジネスにおける**電話の応答方法（マナー・言葉遣い・敬語など）**として正しくないものには**✕**を、正しいものには**〇**を、右端の欄にそれぞれ記入してください。

〈一般的なマナー編〉

(1)　外出先から電話するときは、静かな待合室など座って話せる場所からかける。	
(2)　通話中に喉が渇いても、水などを飲みながら電話してはいけない。	
(3)　会社で支給されている携帯電話は、少しなら私用に使っても許される。	
(4)　急な顧客からの電話の場合は、運転しながらの通話も止むを得ない。	
(5)　携帯電話のカメラ機能で人を撮影する際には、事前にその人の了承を得る。	

〈電話をかける編〉

(6)　固定電話の横には、筆記用具（メモ用紙とペン）を置いておく。	
(7)　とりあえずかけてから、用件をどう言うかを考える。	
(8)　指示がない限り、携帯電話にかけるのは、緊急時のみにする。	
(9)　先方を緊張させないよう、できる限り親しみやすく話しかける。	
(10)　電話をかけたときは、相手から聞かれる前に、自分の所属と名前を言う。	
(11)　名指し人に電話をかわってもらったら、再度自分の所属と名前を言う。	
(12)　用件を話す前に、「今少しお時間いただけませんか」と相手の都合を確認する。	
(13)　間違えてかけたときは、「すみません」と言って慌てて切る。	

〈電話を受ける編〉

(14)　電話が鳴ったら、いきなり出ると相手が驚くので、3 コール待ってから出る。	
(15)　ビジネス電話では、受話器を取ったら「もしもし」とは言わず、まず自分から所属と名前を言う。	
(16)　名指し人が不在のときは、不在の理由をはっきりと伝える。	
(17)　名指し人にかわってほしいと言われたら、すぐに取りつぐ。	
(18)　1 分以上保留にする場合は、途中でもう一度電話に出て謝る。	
(19)　相手から伝言を受ける場合は、かならずメモを取る。その際は用件を復唱して間違いのないよう確認する。	
(20)　最後に自分の名前をもう一度伝え、相手が切る前に先に受話器を置く。	

		提出日	年　　月　　日（　　）
ビジネスシーンに学ぶ日本語	学籍番号		氏名

【例題 6】つぎの**電話による会話**の中で、伊藤さんが**不適切な応答（マナー・言葉遣い・敬語など）**をしている箇所を指摘し、どのように修正したらよいかを説明して、正しい表現に修正してください。修正する必要のない文は、そのままで構いません。

伊藤：（電話をかける）。
村井：はい、株式会社ホソエデンキ、総務課の村井です。
伊藤：あのー、すいません、長島課長さんいますか。
村井：失礼ですが、どちらさまでしょうか。
伊藤：あ、ごめんなさい。柏の森工業株式会社の伊藤です。
村井：いつもお世話になっております。大変申し訳ございませんが、ただ今、長島は席をはずしておりまして…。
伊藤：何時ごろでしたら、お戻りでしょうか。
村井：11 時には戻ると存じますので、戻り次第こちらからお電話をいたしましょうか。
伊藤：うん。じゃあ、よろしく。柏の森工業株式会社の伊藤進宛にお電話をください。
村井：承りました。では、長島に申し伝え…。
伊藤：（相手が話し終わらないうちに電話を切る）。

ビジネスシーンに 学ぶ日本語	提出日		年　　月　　日（　　）	
	学籍番号		氏名	

【例題 7】つぎの**電話**による会話の中で、小林さんが**不適切な応答（マナー・言葉遣い・敬語な**
ど）をしている箇所を指摘し、どのように修正したらよいかを説明して、正しい表現
に修正してください。修正する必要のない文は、そのままで構いません。

（電話が鳴る）。
小林：はい、もしもし。
長島：柏の森工業株式会社様でしょうか。
小林：はい、そうですが…。
長島：私、株式会社ホソエデンキ、総務課の長島と申しますが、本日の 10 時頃に、そちらの 　　　営業部第二営業課の伊藤進様からお電話をいただきまして…。伊藤進様はいらっしゃい 　　　ますでしょうか。
小林：伊藤は、今昼食にお出かけになっていて、いらっしゃいません。
長島：そうですか…。お戻りは何時頃でしょうか。
小林：えーと、私にはわかりません。
長島：そうですか…。ではまた 15 時頃にお電話いたします。
小林：わかりました。（電話を切る）。

	提出日	年　　月　　日（　　）
ビジネスシーンに 学ぶ日本語	学籍番号	氏名

【例題 8】つぎの**電話による会話文**を聞き、山下さんになったつもりで、**伝言メモ**を残してください。日付・時刻は、現在のものを用いてください。

（用紙20）

	提出日	年　　月　　日（　　）
ビジネスシーンに 学ぶ日本語	学籍番号	氏名

【チャレンジ8】　つぎの電話による会話文を聞いて、伊藤さんになったつもりで伝言メモを取ってください。日付・時刻は、現在のものを用いてください。

	提出日	年　　月　　日（　　）
ビジネスシーンに 学ぶ日本語	学籍番号	氏名

【チャレンジ9】 つぎの**電話による会話文**を聞いて、内田さんになったつもりで**伝言メモ**を取ってください。日付・時刻は、現在のものを用いてください。

提出日		年　　　　月　　　　日（　　　）	
ビジネスシーンに 学ぶ日本語	学籍番号		氏名

【応用5】5年前から現在に至るまで、それぞれの年にどのようなことをしてきたか **30 字程度** で、各項目を**説明**してください。単語のみの羅列・空欄は認めません。

◯年前	学年	その年に自分が行ったこと		
		学業（含　留学）	部活動など	社会活動（含　インターンシップ）
5年前				
4年前				
3年前				
2年前				
1年前				
現在				

ビジネスシーンに 学ぶ日本語	提出日	年　　月　　日（　　）	
	学籍番号	氏名	

【応用6】（用紙22）でまとめた表の中から、つぎの 1.〜3.の内容に該当するものを探し出して、そのときの状況を、それぞれ **200 字程度**でまとめてみましょう。同じ内容は 1 回しか使用できません。

1. **努力したこと**

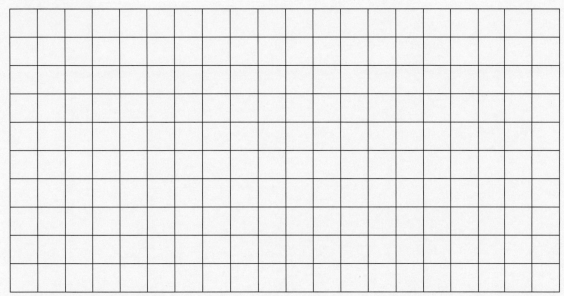

2. **失敗を糧に成長したこと**

（用紙 24 に続く）

ビジネスシーンに 学ぶ日本語	提出日		年	月	日 （ ）
	学籍番号		氏名		

【応用 6】（続き）

3. 自分が誇れること

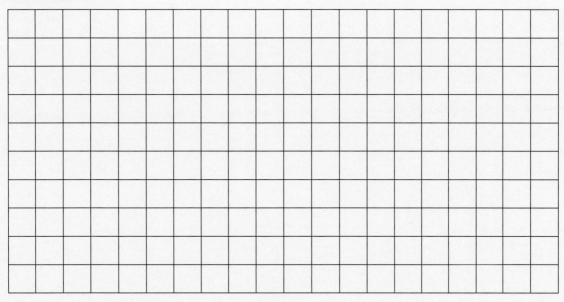

【応用 7】（用紙 23）・（用紙 24）でまとめた文章をもとに、そこから浮かび上がる**自分の長所と短所**を表す言葉をそれぞれ 3 つずつあげてください。

長所（それを具体的にアピールするには）	**短所**（それを長所に変えるには）

提出日　　　　年　　月　　日（　）		
ビジネスシーンに 学ぶ日本語	学籍番号	氏名

【チャレンジ 10】 つぎの（1）〜（8）のうち、**会社説明会で質問しない方がよいもの**はどれでしょうか。質問しない方がよいものには**✕**を、質問してもよいもの（質問した方がよい）ものには〇を、右端の欄にそれぞれ記入してください。

(1)「仕事の中で、やりがいを感じるのはどのようなことでしょうか。」	
(2)「御社で、女性の管理職の方は、何名ほどいらっしゃいますか。」	
(3)「初任給はいくらほどでしょうか。」	
(4)「私は〇〇県の出身ですが、御社は〇〇県には支店がございますか。」	
(5)「御社では、配属先をどのような方法で決めていらっしゃいますか。」	
(6)「入社試験では、どのような問題が出題されますか。」	
(7)「福利厚生施設は、どの程度充実していますか。」	
(8)「御社のホームページに『アジアへの進出を予定している』とありましたが、どの地域でどのようなことを計画なさっていますか。」	

Let's challenge!

	提出日	年　　　月　　　日（　　）
ビジネスシーンに 学ぶ日本語	学籍番号	氏名

【チャレンジ11】 以下の条件 1〜5 を守って「**履歴書**」を作成します。

条件 1　「氏名」「生年月日」「年齢」「男女」には、自分自身のものを記載します。

条件 2　「現住所」「連絡先」「電話番号」には、以下のものを記載してください。

　　　　〒100-2345　東京都百代田区永山町1-20-3　　　電話番号　012-345-6789

条件 3　「学歴」は中学校卒業以降を記載します。「職歴」は「なし」です。

条件 4　「免許・資格」には、自分が持っている免許や資格を記載します。

条件 5　「長所・短所」には、6.2節で学習した自己分析の結果を記入してください。

履 歴 書

年　　　月　　　日現在

写真をはる位置

写真をはる必要がある場合
1. 縦　36〜40 mm
　横　24〜30 mm
2. 本人単身胸から上
3. 裏面のりづけ

ふりがな

氏　名

年　　　月　　　日生（満　　　歳）　　※ 男・女

ふりがな　　　　　　　　　　　　　　　　　　　　　電話

現住所　〒

ふりがな　　　　　　　　　　　　　　　　　　　　　電話

連絡先　〒　　　　　　（現住所以外に連絡を希望する場合のみ記入）

年	月	学歴・職歴（各別にまとめて書く）

ビジネスシーンに 学ぶ日本語	学籍番号	提出日　　年　　月　　日（　　） 氏名

【チャレンジ 11】（続き）

免許・資格欄：

年	月	免許・資格

自己 PR 欄：

得意科目・専攻科目	趣味・特技
長所・短所	クラブ・課外活動・スポーツなど

ていねいに♡

（用紙 28）

	提出日	年　　月　　日　（　　）
ビジネスシーンに 学ぶ日本語	学籍番号	氏名

【応用 8】あなたの**長所**を 1 つあげ、それを**家電製品**にたとえて「**自己 PR 文**」を 100 字以内で
　　　　作成します。その家電製品の一般的なイメージと、あなたの個性や資質を関連づけて
　　　　記載してください。

自己 PR 文 100 字以内

（解答欄）

コメント　　　　　　　　　　　　コメントした人の氏名〔　　　　　　　　〕

（記入欄）

コメント　　　　　　　　　　　　コメントした人の氏名〔　　　　　　　　〕

（記入欄）

	提出日　　　　年　　月　　日（　）	
ビジネスシーンに学ぶ日本語	学籍番号	氏名

【応用 9】つぎにあげる条件 1〜4 を守って **200 字以内**で「**自己 PR 文**」を作成してください。

> 条件1　**アピールポイントは 1 つに絞り込んで**ください。
> 条件2　**アピールポイントを裏づける具体的な事例を盛り込んで**ください。
> 条件3　その**アピールポイント**を、「自分は**就職後に活躍できる人材である**」
> 　　　　と訴える内容と関連づけさせてください。
> 条件4　**失敗**した経験をあげ、**いかに克服したか、何を学んだか**を書き込ん
> 　　　　でください。

自己 PR 文 200 字以内

（原稿用紙マス目）

コメント　　　　　　　　　　　　　コメントした人の氏名〔　　　　　　　　　　〕

	提出日		年	月	日（　）
ビジネスシーンに 学ぶ日本語	学籍番号		氏名		

（用紙 31）

	提出日	年　　月　　日（　　）
ビジネスシーンに 学ぶ日本語	学籍番号	氏名

	提出日	年　　月　　日（　　）
ビジネスシーンに 学ぶ日本語	学籍番号	氏名

_____

_____

_____

_____

_____

_____

_____

_____

_____

_____

_____

_____

_____

_____

_____

_____

_____

_____

_____

_____

_____

_____

_____

_____

_____